ADICTOS Ante la CRUZ

UN PROGRAMA CRISTIANO DE 9 PASOS

LARRY SKRANT

Visite la página de Larry: www.changedlivesministries.org

Adictos Ante la Cruz – Larry Skrant

Título original en inglés: *Addicts at the Cross*

Copyright © 2018

Primera edición publicada en 2012

Traducción al español: Robert B. Grego Acuña

Todos los derechos reservados. Ninguna parte de este libro puede ser reproducida, almacenada en un sistema de recuperación, ni transmitida de ninguna forma por ningún medio, sea éste electrónico, mecánico, fotocopiado, grabado u otro, sin la autorización por escrito de la casa editorial.

Todas las citas bíblicas son tomadas de la versión Reina Valera 1960 o 1995.

Printed in the United States of America
Aneko Press
www.anekopress.com
Aneko Press, Life Sentence Publishing, and our logos are trademarks of
Life Sentence Publishing, Inc.
203 E. Birch Street
P.O. Box 652
Abbotsford, WI 54405
SELF-HELP / Substance Abuse & Addictions / Alcohol
Paperback ISBN: 978-1-62245-581-2
eBook ISBN: 978-1-62245-582-9
10 9 8 7 6 5 4 3 2 1
Available where books are sold

Contents

Acerca de Adictos Ante la Cruz v

Prefacio vii

Los 9 Pasos 1

    Pasos 1: Admitir 11

    Pasos 2: Creer 23

    Pasos 3: Decidir 33

    Pasos 4: Buscar 41

    Pasos 5: Reconocer 51

    Pasos 6: Cambiar 63

    Pasos 7: Pedir 75

    Pasos 8: Restaurar 87

    Pasos 9: Procurar 97

Conclusión 109

Anexos 116

    Detallándolo 117

    El Fruto del Espíritu 119

    Las Obras de la Carne 120

    Ejercicio Bíblico Básico 123

Acerca del Autor 125

Mas él herido fue por nuestras rebeliones, molido por nuestros pecados; el castigo de nuestra paz fue sobre él, y por su llaga fuimos nosotros curados. (Isaías 53:5)

Acerca de Adictos Ante la Cruz

Adictos Ante la Cruz es un programa cristiano de 9 pasos que trata de los problemas que son la raíz de la adicción, desde una perspectiva bíblica. Este programa de formación bíblica se enfoca en un poder supremo. Creemos que ese poder supremo es Cristo. Es importante notar que no somos el único programa que trata con adicciones. Tampoco lidiamos con los efectos secundarios físicos de la adicción. Los hospitales y centros de tratamiento con profesionales capacitados están mucho mejor equipados que nosotros para tratar esos aspectos. En todos los casos, si la persona todavía está usando drogas o teniendo fuertes reacciones por desintoxicación, recomendamos que busque ayuda en este tipo de centros de tratamiento. Una vez que el adicto haya dejado la adicción, nosotros podemos tratar las causas de la adicción y ofrecer un estilo de vida alternativo con Cristo como eje central.

¿Cuántos testigos se necesitan para meter a un hombre en prisión? Probablemente una sola persona creíble sería suficiente. Nosotros con certeza podríamos hallar miles y miles de personas creíbles hoy, al igual que a través de los siglos, que testificarían que Jesucristo cambió y mejoró sus vidas radicalmente. Pero el mundo aún niega el poder del evangelio para transformar vidas. "¿Dónde están los estudios clínicos?" es la pregunta más frecuente entre los detractores, cuya educación mundana los anima a denunciar la evidencia de lo que no se ve. Sin embargo, nuestra clínica no es una mezcla de personas en algún tipo de ambiente estéril y controlado, donde los porcentajes se pueden manipular fácilmente. No; nuestra clínica es el mundo, donde hemos visto que ocurre la sanidad, las vidas son salvadas, las familias son restauradas y el dolor y el sufrimiento son aliviados por el poder de la Palabra de Dios. Ofrecemos nuestras propias vidas cambiadas como prueba, además de las vidas cambiadas del pueblo de Dios de todas las épocas.

Cada vez que yo enseño en las prisiones, los centros juveniles o centros de adicción, siempre hago esta pregunta: "¿Cuántos de ustedes están aquí porque estaban viviendo de conformidad con la Biblia? Todavía no he visto que se levante una sola mano como respuesta afirmativa. Mi siguiente pregunta siempre es esta: "¿No debería eso decirle algo?"

No estoy diciendo que nuestro programa sea el único que funciona. Ni digo que este programa funcionará para todos (aunque sí creo que funcionaría si se cumplen ciertas condiciones). Lo que estamos ofreciendo acá es un estilo de vida alternativo que nos faculta para vivir nuestras vidas libres de adicciones. ¿Acaso no es esa la meta de todos los programas relacionados con adicciones?

No podemos negar que Alcohólicos Anónimos le ha salvado la vida a mucha gente. Ese programa, con sus pasos comprobados por el tiempo, fue el modelo que yo utilicé para poder desarrollar el programa de Adictos Ante la Cruz. También estoy agradecido con el ministerio de Alcohólicos para Cristo. Ese es otro programa muy bueno que también utilizo como modelo. Pero en su mayoría, aparte del bosquejo de los pasos, este trabajo es original, y es mi oración que transforme las vidas de quienes decidan usarlo.

Lo que yo he escrito aquí, lo llamo un programa de "unir los puntos". Personalmente he asistido a muchas reuniones de recuperación, y nunca entendí el concepto o significado de "ejercite los pasos". Nadie me había enseñado cómo hacer eso. Lo que he intentado hacer acá es ofrecer un programa que realmente nos permite ir desarrollando los pasos mientras estamos juntos, reunidos como grupo. Al hacerlo, no solo empezamos a entender cómo avanzar por los pasos, sino que también empezamos a comprender por qué son necesarios los pasos en primera instancia. Conforme desarrollemos los pasos juntos, lograremos una comprensión cabal de lo que significa ser cristiano.

Una vez que hayamos entendido quienes somos en Cristo, se vuelve cada vez más difícil tropezar y retroceder al abismo de nuestra adicción. Nuestros hábitos cambian, nuestros amigos cambian y lo mismo ocurre con nuestro estilo de vida. Al implementar estos cambios desarrollamos un nuevo sentido de rendición de cuentas. Aprendemos a resistir cualquier cosa o persona que quiera despojarnos de esta nueva vida, y al fin somos libres para vivir la vida que Dios pretendió para nosotros desde un inicio. Tal como he confirmado en mi propia vida, mi esperanza es que todo el que ingrese a este programa llegue a comprender plenamente lo que está escrito en 1 Corintios 2:9... *Cosas que ojo no vio, ni oído oyó, ni han subido al corazón del hombre, son las que Dios ha preparado para los que le aman.*

Dios te bendiga.
Atentamente,
Larry Skrant

Nota: *Los consejeros bíblicos no creen que Dios quiso darle a su Iglesia la Biblia y luego los hiciera esperar 1.900 años para que les llegara una ayuda real a través de la sicología moderna. La Palabra de Dios ofrece ayuda viva, práctica y profunda que tiene sentido para la gente, que entiende sus problemas, y que nos remite al poder del Cristo viviente para el cambio. Cuando los consejeros bíblicos usan la Palabra de Dios, no están operando en forma deficitaria, sino que están ofreciendo el tipo de sabiduría relevante, sensible y práctica que no está disponible de ninguna otra fuente.*

Heath Lambert
Una Teología de la Consejería Bíblica

Prefacio

Era verano y yo estaba de pie cerca del final de una larga fila de reclusos, que iban camino al comedor del Correccional Lorain en Ohio. Lorain es un centro de procesamiento y yo estaba esperando ser transferido a una institución más antigua, donde pasaría el sobrante mayor de mi tiempo de sentencia. Esto fue durante el tiempo de mi segunda ocasión en la prisión. Conforme avanzábamos lentamente, noté un alboroto hacia el frente de la fila. Pensé que podría ser un altercado. Era común que se desatara una pelea entre reclusos que estuvieran largo rato en cualquier fila.

El esperar en fila a menudo frustraba a alguno, quien luego decía o hacía algo que algún otro objetaba y, así no más, individuos o hasta grupos de ellos empezaban a propinarse golpes. Sin embargo, esta vez no corrieron los guardias a detener el incidente, de manera que lo que haya ocurrido hacia el frente de la fila no habría sido un pleito.

Cuando salí de la fila para ver mejor, me di cuenta que lo que había causado el alboroto era una gaviota. Esta ave no hacía más que tambalearse junto a uno de los reclusos en la fila para seguirlo conforme él avanzaba. Nunca antes había visto a una gaviota actuar así; el atreverse a acercarse tanto a un humano no era algo que una gaviota normalmente haría. Observé como el recluso se inclinaba para alzarla, pero el pájaro de inmediato se alejaba hacia atrás. Este drama continuó por un rato, hasta que el hombre fingió alejarse del ave y luego se volvió de repente y lo atrapó. Era obvio que el ave estaba debilitada, pues no logró moverse con rapidez ni alzar vuelo.

Me venció la curiosidad. Arriesgándome a provocar un disgusto entre los demás, caminé hacia el frente de la fila para descubrir lo que realmente pasaba entre el recluso y la gaviota. Fue entonces que noté el señuelo de pesca clavado en el pico del ave. Era del tipo cuchara. Era ovalado, de estructura cóncava, hecho de metal brillante y con anzuelos en forma de trébol en la punta. Este artefacto había enganchado al ave eficazmente, perforando la parte superior y la inferior de su pico. Cómo se pudo enganchar era un acertijo para todos, pero era evidente que el ave no podía comer ni beber. Con razón estaba débil y tambaleándose. Solo podía uno imaginarse cuánto tiempo habría estado en esa condición.

Observé al recluso retirar el señuelo del pico de la gaviota y luego soltarla suavemente al aire. Solo logró volar unos pocos metros antes de descender sobre un césped justo afuera de los pasillos de entrada y salida al comedor. El reglamento de la prisión dice, "No alimentes a los pájaros!" Pero todo el que iba saliendo del comedor le lanzaba pan a la gaviota. Un hombre que laboraba en la cocina le trajo una olla con agua. El ave comió y bebió, y luego de regresar todos nosotros a las celdas esa tarde, se fue.

El ave se ha ido, pero el recuerdo del evento aún permanece conmigo. Hay unas cosas que he aprendido de aquel episodio, que quisiera compartir contigo. Al mirar atrás y considerar esa escena, ahora hago una aplicación espiritual. Contra todos los instintos que gritan lo contrario, aquella gaviota parecía saber que un ser humano le podría ayudar. ¿Cómo podía ser? Es claro que un ave no posee la capacidad de razonamiento. La Biblia dice hubo una época en la que el hombre caminaba con Dios en el jardín del Edén. Todo era armonía cuando Dios nombró al hombre el mayordomo de su creación.

¿Podría ser que en lo profundo de la composición genética de ese pájaro, permanezca el recuerdo de cierta época lejana y añorada, cuando el hombre era un amigo y cuidador? Ese día de verano, todos los instintos del pájaro gritaban que el hombre es un enemigo. Pero esta gaviota estaba moribunda y sabía dónde encontrar ayuda. Sin embargo, cuando el recluso se le acercaba, el ave retrocedía.

¿Acaso no somos todos así en nuestra condición perdida? Tenemos este vestigio de un recuerdo de Dios. Tenemos una gran bóveda dentro de nosotros que solo él puede llenar. El pecado nos ha dejado lisiados y estamos muriendo. Nuestra hambre no puede ser satisfecha ni nuestra sed saciada. Sabemos que Dios puede salvarnos, pero nuestros instintos carnales vociferan contra él. Ferozmente esquivamos toda la ayuda que nos ofrece Aquél cuya ayuda necesitamos desesperadamente.

Estimado lector, nuestro Padre Celestial quiere ser tu amigo y cuidador. Él no quiere que perezcas, sino que vivas. Él envió a su Hijo al mundo, no para juzgarte, sino para que a través suyo (Jesús) puedas ser salvo.

Jesús te está llamando. Por favor no insistas en retroceder y alejarte de él. Día tras día este mundo busca consumirte. Empiezas a debilitarte, a tambalearte, a caerte. Estimado pecador, no te mueras en tus pecados. Permite que Jesús te alce en sus brazos amorosos. Permite que te alimente con el pan de vida y que te sacie con el agua viva. Nunca te lamentarás de volverte a él. Él renovará tus fuerzas y te levantarás con alas como las águilas. Correrás y no te cansarás. Caminarás y nunca te fatigarás (Isaías 40:31). Esa es su promesa para ti. El que creó todas las cosas nunca miente.

Los 9 Pasos

Respetuosamente reconocemos que los nueve pasos presentados aquí se basan en los pasos, comprobados por el tiempo, utilizados con mucho éxito en los maravillosos programas de Alcohólicos Anónimos y Alcohólicos Para Cristo. La diferencia principal es el énfasis sobre el poder de Dios para aquellos que vienen a la cruz.

Concepto Básico — Dios tiene un plan y propósito para mi vida, y ese plan se me revela a través de su Santa Palabra. Yo reconozco que la Biblia es mi guía suprema para establecer las bases que me permitirán vivir una vida libre de adicciones.

1. Admitir — Yo admito que mi vida no es mía y que está fuera de mi capacidad el poder manejarla o controlarla. Yo he perdido el dominio sobre la sustancia o sustancias de las cuales he abusado. Yo reconozco que necesito que Dios me libre de todas las cosas de este mundo que me han atrapado y me impiden ser la persona que Dios diseñó.

2. Creer — Yo creo que el Dios que necesito para restaurar mi vida hasta ser completo e íntegro es la persona de Jesucristo, la Palabra que estaba con Dios, que es Dios, y que se encarnó y habitó entre nosotros (Juan 1:1,14).

3. Decidir — Yo he decidido alejarme de las cosas del pasado (arrepentirme) y pedirle a Jesús que sea el Señor y gerente de mi vida (rendición).

4. Buscar — Yo he realizado una búsqueda e inventario moral personal, y busco eliminar aquello que no esté conforme a la voluntad de Dios para mi vida.

5. Reconocer — Delante de Dios, los demás y de mí mismo, yo reconozco que mi inventario es verdadero. Ahora empiezo a usar la información de mi inventario, diseñando un plan que generará una vida libre de la adicción.

6. Cambiar — Yo estoy dispuesto a cambiar y a permitir que Dios me cambie.

7. Pedir — Humildemente le pido a Dios que me perdone y me cambie por el poder de su Espíritu Santo.

8. Restaurar — Yo he elaborado una lista de todas las personas que hayan podido ser afectadas o dañadas por mis acciones, y me pregunto, "¿Cómo puedo remediar esto?"

9. Procurar — Diariamente procuro conocer y vivir conforme a la voluntad, plan y propósito de Dios para mi vida.

ASPECTOS BÁSICOS

El propósito principal de la reunión juntos es crecer en nuestro conocimiento de Cristo y reconocer nuestra necesidad de él. Al hacerlo, aumentamos nuestro compañerismo con Dios y entre nosotros. Esto hará que podamos rendir cuentas a Dios y el uno al otro como cuerpo de Cristo. Así como el hierro se afila con hierro, necesitamos animarnos y apoyarnos mutuamente. Dios realmente desea que seamos completos. Él quiere sanarnos, restaurando nuestra correcta relación con él. Cuando ponemos en práctica los principios presentados en estos pasos, nos disponemos al poder transformador de la Palabra de Dios, sabiendo desde lo profundo de nuestro corazón que la Palabra de Dios no volverá a él vacía, sino que efectuará aquellos cambios que tanto necesitamos y deseamos. El plan de Dios para nosotros es más allá de nuestro entendimiento y sobrepasa todo lo que podamos imaginar, porque está escrito: *Cosas que ojo no vio, ni oído oyó, ni han subido al corazón del hombre, son las que Dios ha preparado para los que le aman* (1 Corintios 2:9).

Los grupos de Adictos Ante la Cruz, al igual que la mayoría de los demás grupos, tenderán a adoptar las características de sus líderes y/o denominación que tenga mayor representación en el grupo. Sin embargo, los adictos por lo general no tienen denominación, y nuestro programa también debe ser así. Nuestra meta es enseñar principios bíblicos que, al aplicarlos, resultan en vidas cambiadas. Nuestra meta también es promover el evangelio en cada reunión. Respetuosamente, le dejamos los aspectos deno-minacionales a la iglesia local.

Metas del Programa

- Establecer una relación personal con Jesucristo.
- Vivir una vida libre de adicciones.
- Ver a las familias restauradas y sanadas.
- Eliminar la posibilidad de "víctimas futuras" (posibles víctimas que nunca llegaron a serlo, porque Dios cambió un corazón y renovó una mente).
- Establecer un grupo de apoyo y rendición de cuentas.

ORACIÓN — Inicie la reunión con oración, pidiéndole a Dios que prepare nuestros corazones y mentes para lo que él quiere que recibamos a través del estudio de su Palabra.

BIENVENIDA — Salude a los miembros y visitas. Dé una breve reseña de Adictos Ante la Cruz y, si se desea, presente a los nuevos. Aquí se pueden dar los anuncios.

MINISTERIO MUSICAL — Aunque es opcional, un tiempo grupal para cantar o compartir (con voces o instrumental) por parte de quienes tienen talento musical, nos puede preparar para lo que Dios quiere hacer en la reunión. No debe exceder 15 minutos. No es nuestra meta promover a ningún individuo o grupo.

PALABRAS DE APERTURA — Un voluntario asignado comparte una lectura de las Escrituras en este momento, o lo que Dios haya puesto en su corazón en cuanto al paso específico que se va a discutir. Esto no debe exceder 5 minutos.

COMPARTIR ALGO PERSONAL — Pregunte: "¿Alguien ha visto a Dios obrando en su vida esta semana?" Necesitamos desarrollar una actitud de gratitud hacia Dios. Podemos hacer esto al compartir lo que Dios ha hecho en nuestras vidas. La duración de este segmento está totalmente sujeto a la guía del Espíritu Santo.

COMENZAR LA REUNIÓN — Las reuniones no deben durar más de 1 hora. Todo el programa no debe durar más de hora y media. El líder del grupo tiene la responsabilidad de cerciorarse de esto.

Introducción / La Biblia es nuestro Manual de Instrucciones / Declaraciones de Verdad

Nota: En el primer versículo de Génesis (*En el principio creó Dios los cielos y la tierra*), el autor no intentó probar la existencia de Dios, sino que lo declaró como un hecho real. De la misma forma, nosotros no vamos a estar enseñando un curso de apologética. Creemos que la Biblia es la Palabra de Dios y que las siguientes verdades son evidentes por sí mismas.

Verdades:
No se puede entender la Biblia sin la revelación divina.

> *Entonces les abrió el entendimiento para que comprendieran las Escrituras.* (Lucas 24:45)

> *Pero cuando venga el Espíritu de verdad, él os guiará a toda verdad.* (Juan 16:13)

La Biblia es la Palabra de Dios escrita, dada al hombre para que se relacione con Dios. Esta Palabra escrita nos señala y se integra con la Palabra que se hizo carne (Juan 1:14), tomando forma de hombre (Filipenses 2:7).
Comenten algunas de las formas en que son similares.

Similitudes entre la Biblia y Jesús: (No es una lista exhaustiva.)

> La Biblia es Palabra de Dios escrita — Jesús es la Palabra encarnada.
>
> La Biblia es de origen judío — Jesús es descendiente de Abraham.
>
> La Palabra de Dios es eterna (1 Pedro 1:25) — Jesús es Dios eterno.
>
> La Biblia es un libro sobre la humanidad — Jesús es el Hijo del Hombre.
>
> La Biblia es para toda la gente — Jesús es para toda la gente.
>
> La Biblia es para toda generación — Jesús es para toda generación.
>
> La Biblia proclama la Palabra de vida — Jesús es la vida.
>
> La Palabra de Dios es verdadera — Jesús es la verdad.
>
> La Palabra de Dios señala el camino — Jesús es el Camino.
>
> La Palabra de Dios es una lámpara — Jesús es la Luz del mundo.
>
> La Biblia es infinita en su conocimiento — Jesús es omnisciente.
>
> La Biblia hará lo que Él quiera — **El** Padre se complació en el Hijo.
>
> El hombre quiso destruir la Biblia — El hombre quiso destruir a Cristo.

Preg.: ¿Puedes pensar en algo que la Palabra escrita tenga en común con Jesús, que no esté en la lista anterior? ¿Crees que sean coincidencias?

Toda la Escritura es inspirada por Dios y útil para enseñar, para redargüir, para corregir, para instruir en justicia, a fin de que el hombre de Dios sea perfecto, enteramente preparado para toda buena obra. (2 Timoteo 3:16-17)

La palabra de Dios es viva, eficaz y más cortante que toda espada de dos filos: penetra hasta partir el alma y el espíritu, las coyunturas y los tuétanos, y discierne los pensamientos y las intenciones del corazón. (Hebreos 4:12)

La Biblia es verdad. La verdad nunca cambia.

Nota: A diferencia de la verdad del hombre, que es relativa y varía según las perspectivas culturales o quién esté en el poder, la Palabra de Dios perma-nece igual. Hoy, la verdad del hombre parece relativa a lo que digan las encuestas. Las encuestas pueden ser engañosas. Estas pueden realizarse para lograr una respuesta específica. Además, tal como ocurrió en los días de la Biblia y aún se comprueba hoy, la mayoría puede estar equivocada. La Biblia ha soportado la prueba del tiempo y ha sido comprobada. La verdad de Dios permanecerá por largo tiempo después que la versión humana de la verdad se haya desvanecido.

Porque yo, Jehová, no cambio. (Malaquías 3:6a)

Jesucristo es el mismo ayer, hoy y por los siglos. (Hebreos 13:8)

¡De ninguna manera! Antes bien, sea Dios veraz y todo hombre mentiroso; como está escrito: "Para que seas justificado en tus palabras, y venzas cuando seas juzgado." (Romanos 3:4)

Porque recta es la palabra de Jehová y toda su obra es hecha con fidelidad. (Salmo 33:4)

Santifícalos en tu verdad; tu palabra es verdad. (Juan 17:17)

La Biblia transforma las vidas. He aquí un acrónimo útil para usar con la palabra BIBLIA: **B**uenas **I**nstrucciones **B**ásicas; **L**ógico **I**mplementarlas **A**hora.

Nota: Millones de personas a lo largo del tiempo han testificado que la Palabra de Dios los ha transformado milagrosamente. Algunos han sido testigos con sus propias vidas que la Palabra de Dios es verdad. La Palabra de Dios nos cambia desde adentro hacia afuera. ¿Entonces, por qué dudamos de ella?

Lámpara es a mis pies tu palabra y lumbrera a mi camino. (Salmo 119:105)

En cuanto a Dios, perfecto es su camino y acrisolada la palabra de Jehová; escudo es a todos los que en él esperan. (Salmo 18:30)

Entonces tus oídos oirán detrás de ti la palabra que diga: "Este es el camino, andad por él y no echéis a la mano derecha, ni tampoco os desviéis a la mano izquierda". (Isaías 30:21)

¿Con qué limpiará el joven su camino? ¡Con guardar tu palabra! (Salmo 119:9)

Consideraciones Antes de Empezar a Implementar los Pasos

Una buena definición de adicción es: "Una constelación de hábitos no bíblicos al pensar y actuar, que se han vuelto un estilo de vida." (del libro de Steve Gallagher, *Ante el Altar de la Idolatría Sexual*)

1. Me han preguntado, "¿Por qué otro programa de pasos?" Claro que pude haber presentado el mismo material con otro formato. Pero no quería que nuestras reuniones se parecieran a una reunión de iglesia, ni quería que quienes asistan a las reuniones sientan que les están predicando. Aunque estoy muy a favor de la iglesia local, me doy cuenta que la mayoría de los adictos se sienten incómodos

en ese tipo de ambiente. También sé que la mayoría de los adictos han asistido ya sea a AA (Alcohólicos Anónimos) o NA (Narcóticos Anónimos) y les es familiar y cómodo ese tipo de programa. Yo decidí empezar con lo que ya conocen. Quise encontrarme con ellos justo donde se encuentran.

2. La definición de ministerio es encontrarse con las personas donde están y llevarlas donde Dios quiere que estén. Por lo tanto, necesitamos asegurar que el evangelio sea presentado de forma comprensible en cada reunión. Algunos podrían asistir solo a una reunión. Eso nos da una sola oportunidad con ellos, y es nuestro deber cristiano cerciorarnos que escuchen el evangelio.

3. Las dos palabras que un adicto odia escuchar son *responsabilidad* y *rendir cuentas*. Necesitamos enfatizar estos conceptos, junto con los conceptos de rehabilitación y restitución. No debemos promover los atajos. No queremos que la gente busque una salida fácil a sus problemas. Queremos que enfrenten y lidien con sus problemas conforme a la Palabra de Dios.

4. Evite ser un reforzador. Escuche si hay señales de orgullo o egocentrismo. Escuche los signos de culpar a otros, racionalizar y minimizar. Debemos ayudar a los adictos a que se confronten a sí mismos.

5. Nuestra meta es derribar la vieja identidad del adicto al confrontarlo con la Pa-labra de Dios. Luego podemos presentarle al adicto claramente quién debe y puede llegar a ser en Cristo. Al ayudarle al adicto a ver claramente las dos identidades, va a desear a la persona nueva sobre la vieja cuando sea confrontado con la tentación de regresar al estilo de vida antiguo.

6. Concéntrese en los pasos. No deje que la reunión se desvíe.

7. Responda a todas las preguntas de forma alentadora. El hierro afila el hierro. No sea condescendiente. Podría aprender algo usted también. Para algunos adictos, se requiere mucho valor para levantar la mano; debemos honrar eso. Los cristianos nuevos pueden ser lastimados fácilmente. No queremos herirlos.

8. Haga todo en amor. Recuerde la condición en la que estaba usted cuando Jesús lo rescató.

9. No incluí respuestas a todas las preguntas del libro. Esto le permite al grupo y al líder que hallen juntos las respuestas. Se sorprenderá con cuanta mayor facilidad las respuestas son comprendidas, recordadas y aplicadas cuando se pueden descubrir de esta manera. Esto también le da mayor flexibilidad al líder para que dirija la discusión bajo la guía del Espíritu Santo.

10. Una de las peores cosas que una iglesia puede hacer es sacar a

hombres o mujeres directamente de la prisión o a los que recién hayan completado un programa de rehabilitación, y colocarlos "al frente". Esto alimenta su orgullo y egocentrismo. Esta es la raíz de la adicción. Los adictos pueden ser, y muchos lo son, personas talentosas. Pero necesitan olvidar sus talentos por un rato y humillarse (ver 1 Timoteo 3:6 y 1 Timoteo 5:22).

Resumen de los Pasos

Paso 1: Admitir — El primer paso es verse desde la perspectiva de un individuo inconverso. Este es el cuadro de una persona que al fin se ha dado cuenta que hay un Dios. Aquí hay unos versículos útiles para enfatizar esto:

El principio de la sabiduría es el temor de Jehová. (Proverbios 1:7)

El saber que hay un Dios y que ante él tendrás que rendir cuentas es el principio del conocimiento y sabiduría.

Pero sin fe es imposible agradar a Dios, porque es necesario que el que se acerca a Dios crea que él existe. (Hebreos 11:6)

Paso 2: Creer — Este paso debe verse a la luz del Paso 1. Una persona en condición de inconverso ha reconocido que Dios sí existe (Paso 1). Ahora debe tomar la decisión en cuanto a quién es ese Dios. La persona está en una búsqueda en este momento. En el Paso 2 la persona inconversa llega a la conclusión intelectual de que Cristo es Dios.

En el principio era el Verbo, el Verbo estaba con Dios y el Verbo era Dios. (Juan 1:1)

Y el Verbo se hizo carne y habitó entre nosotros. (Juan 1:14)

Paso 3: Decidir — Este es el paso más importante de todos. Esto es pasar del conocimiento intelectual (Paso 2) al conocimiento de corazón. En este paso hay una rendición de la voluntad al pie de la cruz. Entregamos nuestra voluntad y recibimos la voluntad y dirección de Dios. Cuando creemos el evangelio, recibimos al Espíritu Santo, quien nos empodera y habilita para tener la fuerza para vencer la adicción. El Paso 3 es el de la salvación.

Nota: El evangelio debe presentarse en cada clase. ¿Dónde se halla el evangelio en la Biblia? 1 Corintios 15:3-4: *Primeramente os he enseñado lo que asimismo recibí: Que Cristo murió por nuestros pecados, conforme a las Escrituras; que fue sepultado y que resu-citó al tercer día, conforme a las Escrituras.* ¿Qué es lo que debemos creer para poder decir, "El Señor es mi pastor"? Respuesta: El evangelio.

No me avergüenzo del evangelio, porque es poder de Dios para salvación de todo aquel que cree. (Romanos 1:16)

Y en ningún otro hay salvación, porque no hay otro nombre bajo el cielo, dado a los hombres, en que podamos ser salvos. (Hechos 4:12)

Hijitos, vosotros sois de Dios y los habéis vencido, pues mayor es el que está en vosotros que el que está en el mundo. (1 Juan 4:4)

Paso 4: Buscar — Esto es como buscar fortalezas y debilidades en el equipo rival al observar el vídeo del juego, como preparación antes del juego de fútbol. En este caso, nosotros somos nuestro propio adversario. Estamos buscando fortalezas y debilidades en nosotros mismos. "He conocido al enemigo y soy yo."

Debilidades: Busque señales de orgullo y egocentrismo (no en otras personas, sino en nosotros mismos). Estas raíces de adicción son un buen lugar para iniciar nuestro inventario.

Fortalezas: Todos tenemos dones; necesitamos identificarlos y desarrollarlos de la forma que Dios ha querido que los usemos.

Nuestro inventario debe ser veraz y honesto. La mala recopilación de información aquí resultará en un plan defectuoso en el Paso 5.

Antes bien, renunciamos a lo oculto y vergonzoso, no andando con astucia, ni adulterando la palabra de Dios. Por el contrario, manifestando la verdad, nos recomendamos, delante de Dios, a toda conciencia humana. (2 Corintios 4:2)

Si decimos que no tenemos pecado, nos engañamos a nosotros mismos y no hay verdad en nosotros. (1 Juan 1:8)

Paso 5: Reconocer — Vamos a la ofensiva. Vamos a diseñar un plan de juego y ponerlo en práctica. Manténgalo realista. "Cero hierba es mejor que mala hierba." Tenemos que reconocer nuestra propia kriptonita. Esta nos debilita y destruye. Nos disminuirá al punto de ni parecernos a la persona que Dios diseñó. Debemos alejarnos de ella o alejarla de nosotros. Somos hechos a imagen de Dios, el Creador de todas las cosas. Por lo tanto, tendemos a crear lo que imaginamos. Si podemos imaginarnos viviendo una vida libre de adicciones, entonces podemos crear esa vida.

Pero sed hacedores de la palabra y no tan solamente oidores, engañándoos a vosotros mismos. (Santiago 1:22)

Dios es Espíritu; y los que le adoran, en espíritu y en verdad es necesario que adoren. (Juan 4:24)

Todo lo puedo en Cristo que me fortalece. (Filipenses 4:13)

Para los hombres esto es imposible; mas para Dios todo es posible. (Mateo 19:26b)

Paso 6: Cambiar — La clave del Paso 6 es la palabra *querer*. ¿Está el adicto dispuesto a hacer lo que sea para ser librado de su adicción? No hay vuelta atrás. El nivel al que estemos dispuestos a cambiar está directamente ligado al nivel de cambio que ocurrirá. Además, tenemos que dejar que Dios haga los cambios. A menudo soltamos el control de nuestras vidas (rendición), solo para tomarlo de nuevo cuando nos sentimos mejor físicamente y más confiados. Tenemos que cuidarnos de eso.

Os aseguro, hermanos, por la gloria que de vosotros tengo en nuestro Señor Jesucristo, que cada día muero. (1 Corintios 15:31)

Y Jesús le dijo: Ninguno que poniendo su mano en el arado mira hacia atrás, es apto para el reino de Dios. (Lucas 9:62)

Pero por cuanto eres tibio, y no frío ni caliente, te vomitaré de mi boca. (Apocalipsis 3:16)

Paso 7: Pedir — La palabra clave en este Paso es *humildad*. No tratamos de usar nuestra propia fuerza para causar un cambio; acudimos a Dios, con el poder (*dunamis* en griego, o dinamita) que recibimos del Espíritu Santo. Admitimos que no podemos cambiarnos, que solo Dios nos puede cambiar, que no podemos hacerlo solos. Admitimos que somos imperfectos y pecadores, y necesitamos ser rescatados de nosotros mismos. Necesitamos una visión clara de quiénes somos y quién es Dios. Esta comprensión nos llevará a la humildad. Solo Dios puede perdonar pecados.

El temor de Jehová es la enseñanza de la sabiduría, y antes de la honra está la humildad. (Proverbios 15:33)

Antes del quebrantamiento se enaltece el corazón del hombre, y antes de la honra está la humildad. (Proverbios 18:12)

Riquezas, honra y vida son la remuneración de la humildad y del temor de Jehová. (Proverbios 22:4)

Jesús le dijo: ¿Por qué me llamas bueno? Nadie es bueno, sino solo uno, Dios. (Marcos 10:18)

NOTAS

Nota: Lo que Jesús esta diciendo aquí es: "Tienes razón en lla-marme bueno, ¿pero realmente entiendes que tienes razón?"

Paso 8: Restaurar — El enemigo suele usar este paso para mantenernos bajo convicción. En esa condición somos menos efectivos en nuestro andar y testimonio cristiano. Hay muchos obstáculos para lograr una restitución completa. No podemos saber cuanto daño le hemos causado a otros. El pecado tiene un efecto dominó, así que confiamos que Dios nos dará los deseos del corazón, y nos indicará lo que quiere que hagamos. El nos dará el querer. No de-bemos minimizar la necesidad de ser restaurados, pero tenemos que estar conscientes de las dificultades inherentes. Ante todo, debemos andar en el perdón de Dios.

Deléitate asimismo en Jehová y él te concederá las peticiones de tu corazón. (Salmo 37:4)

Si el impío restituye la prenda robada, devuelve lo que haya robado y camina en los estatutos de la vida, sin cometer iniquidad, vivirá ciertamente y no morirá. (Ezequiel 33:15)

He visto sus caminos; pero le sanaré, y le pastorearé, y le daré consuelo a él y a sus enlutados. (Isaías 57:18)

Paso 9: Procurar — Este paso responde a la pregunta, "Ahora que soy salvo, ¿cómo debo vivir?" La vida es un proceso continuo, y este paso también debería serlo. La voluntad de Dios para nosotros es que tengamos una relación personal con Su Hijo. El plan de Dios para nuestra vida es compartir esa relación. El propósito de Dios es glorificarse a sí mismo.

El Señor no retarda su promesa, según algunos la tienen por tardanza, sino que es paciente para con nosotros, no queriendo que ninguno perezca, sino que todos procedan al arrepentimiento. (2 Pedro 3:9)

Al contrario, santificad a Dios el Señor en vuestros corazones, y estad siempre preparados para presentar defensa con mansedumbre y reverencia ante todo el que os demande razón de la esperanza que hay en vosotros. (1 Pedro 3:15)

Y les dijo: Id por todo el mundo y predicad el evangelio a toda criatura. (Marcos 16:15)

Así alumbre vuestra luz delante de los hombres, para que vean vuestras buenas obras y glorifiquen a vuestro Padre que está en los cielos. (Mateo 5:16)

Paso 1

Admitir

Yo admito que mi vida no es mía y no poseo la habilidad para manejarla o controlarla. Me he vuelto impotente sobre la(s) sustancia(s) de las que he abusado. Reconozco mi necesidad de que Dios me libere de todas las cosas en este mundo que me han atrapado y que me impiden ser la persona que Dios creó.

(Discutan cada versículo bíblico, preguntando: "¿Cómo se aplica este versículo específico al Paso 1?")

Nota: Este paso nos lleva a nuestro límite. Admitimos que por más que lo intentamos, no logramos salir adelante. De hecho, estamos cometiendo un tipo de destrucción auto infligida y no somos capaces de parar. Por mucho que tratamos de nadar contra corriente, somos arrastrados hacia el abismo. Una parte de nosotros quiere asirse de algo, cualquier cosa que lo detenga; pero otra parte de nosotros quiere continuar, aunque vaya a destruir todo lo que amamos, aunque nos destruya a nosotros mismos. Esa parte que quiere seguir con nuestros hábitos destructivos parece ser la más fuerte de las dos.

¡Conozco, Jehová, que el hombre no es señor de su camino; ni del hombre que camina es el ordenar sus pasos! (Jeremías 10:23)

De Jehová son los pasos del hombre; ¿cómo, pues, entenderá el hombre su camino? (Proverbios 20:24)

Nota: El hombre no puede dirigir sus pasos. Dios nunca planeó que manejáramos este mundo solos. Él siempre quiso que fuera una alianza. La mejor oración que un adicto puede pronunciar es: "No puedo." Es importante entender que nuestras vidas no nos pertenecen. Esto cambia nuestra perspectiva de ser egocéntrico a ser dependiente de Dios.

De Jehová es la tierra y su plenitud; el mundo y los que en él habitan. (Salmo 24:1)

Tuya es, Jehová, la magnificencia y el poder, la gloria, la victoria y el honor; porque todas las cosas que están en los cielos y en la tierra son tuyas. Tuyo, Jehová, es el reino, y tú eres excelso sobre todos. Las riquezas y la gloria proceden de ti, y tú dominas sobre todo; en tu mano está la fuerza y el poder, y en tu mano el dar grandeza y poder a todos. (1 Crónicas 29:11-12)

Lo invisible de él, su eterno poder y su deidad, se hace claramente visible desde la creación del mundo y se puede discernir por medio de las cosas hechas. Por lo tanto, no tienen excusa. (Romanos 1:20)

Preg.: ¿Cómo pueden el orgullo y el egocentrismo impedirnos tomar el primer paso?

"Porque mis pensamientos no son vuestros pensamientos ni vuestros caminos mis caminos", dice Jehová. (Isaías 55:8)

Nota: Los caminos de Dios no son los nuestros. Es más, generalmente los caminos de Dios son opuestos a los nuestros. El mundo nos enseña que como adictos, tenemos baja autoestima; la verdad es que estamos llenos de orgullo. El mundo nos enseña que nece-sitamos exaltarnos; la verdad es que solo pensamos en nosotros mismos. *Las dos raíces primarias de cualquier adicción son el orgullo y el egocentrismo.*

Orgullo

Definición: Una opinión alta o excesiva de su propia dignidad, importancia, mérito o superioridad, sea ésta acariciada en la mente o demostrada en la conducta.

Sinónimos: vanagloria, jactancia, mente inflada.

Nota: La clave de nuestra definición de orgullo es la palabra *excesiva*: sobrepasando límites razonables, basado en falsedad.

¿Por qué querréis ser castigados aún? ¿Todavía os rebelaréis? Toda cabeza está enferma y todo corazón doliente. Desde la planta del pie hasta la cabeza no hay en él cosa sana, sino herida, hinchazón y podrida llaga; no están curadas ni vendadas ni suavizadas con aceite. (Isaías 1:5-6)

Preg.: Estos versículos pueden describir la vida y mentalidad de un adicto. ¿Puedes identificarte con estos versículos? (Comenten)

¡Cómo has caído del cielo, oh lucero, hijo de la mañana! Has sido derribado al suelo, tú que debilitabas a las naciones. Tú has dicho en tu corazón: 'Subiré al cielo en lo alto; hasta las estrellas de Dios levantaré mi trono y me sentaré en el monte de la asamblea, en las regiones más distantes del norte. Subiré sobre las alturas de las nubes y seré semejante al Altísimo'. Pero has sido derribado al Seol, a lo más profundo de la fosa. Los que te vean te contemplarán; reflexionarán ante ti diciendo: '¿Es este aquel hombre que hacía temblar la

tierra, que sacudía los reinos, que convirtió el mundo en un desierto, que destruía sus ciudades y que a sus prisioneros nunca les abrió la cárcel?'. (Isaías 14:12-17)

Preg.: ¿Cuál fue el pecado del diablo?

R/: Orgullo

Anote cuántas veces Lucifer promete enaltecerse.

> *¿Por qué se amotinan las gentes y los pueblos piensan cosas vanas? Se levantarán los reyes de la tierra, y príncipes conspirarán contra Jehová y contra su ungido, diciendo: «Rompamos sus ligaduras y echemos de nosotros sus cuerdas.» El que mora en los cielos se reirá; el Señor se burlará de ellos. (Salmo 2:1-4)*

Preg.: ¿Qué significa *vano*?

Preg.: ¿Qué serían las cosas vanas que pensaban los pueblos?

> *Tenía entonces toda la tierra una sola lengua y unas mismas palabras. Aconteció que cuando salieron de oriente hallaron una llanura en la tierra de Sinar, y se establecieron allí. Un día se dijeron unos a otros: «Vamos, hagamos ladrillo y cozámoslo con fuego.» Así el ladrillo les sirvió en lugar de piedra, y el asfalto en lugar de mezcla. Después dijeron: «Vamos, edifiquémonos una ciudad y una torre cuya cúspide llegue al cielo; y hagámonos un nombre, por si fuéramos esparcidos sobre la faz de toda la tierra.» Jehová descendió para ver la ciudad y la torre que edificaban los hijos de los hombres. Y dijo Jehová: «El pueblo es uno, y todos estos tienen un solo lenguaje; han comenzado la obra y nada los hará desistir ahora de lo que han pensado hacer. Ahora, pues, descendamos y confundamos allí su lengua, para que ninguno entienda el habla de su compañero.» Así los esparció Jehová desde allí sobre la faz de toda la tierra, y dejaron de edificar la ciudad. Por eso se la llamó Babel, porque allí confundió Jehová el lenguaje de toda la tierra, y desde allí los esparció sobre la faz de toda la tierra. (Génesis 11:1-9)*

Comenten: La torre de Babel.

Preg.: ¿Por qué es que los hombres siempre han buscado ser sus propios dioses?

R/: Orgullo

Preg.: ¿Crees que puedes llegar al cielo por tus propios méritos?

Preg.: ¿Has tratado de hacer las cosas a tu manera? ¿Cuál fue el resultado?

Porque Jehová es excelso, y atiende al humilde, pero al altivo mira de lejos. (Salmo 138:6)

Porque el que se enaltece será humillado, y el que se humilla será enaltecido. (Mateo 23:12)

Pero él da mayor gracia. Por esto dice: «Dios resiste a los soberbios y da gracia a los humildes.» (Santiago 4:6)

Preg.: ¿Cómo definirías la gracia?

Preg.: ¿Quién es el beneficiario de la gracia de Dios?

Porque así dijo el Alto y Sublime, el que habita la eternidad y cuyo nombre es el Santo: «Yo habito en la altura y la santidad, pero habito también con el quebrantado y humilde de espíritu, para reavivar el espíritu de los humildes y para vivificar el corazón de los quebrantados. (Isaías 57:15)

Cercano está Jehová a los quebrantados de corazón y salva a los contritos de espíritu. (Salmo 34:18)

Los sacrificios de Dios son el espíritu quebrantado; al corazón contrito y humillado no despreciarás tú, oh Dios. (Salmo 51:17)

Nota: Tener un corazón humilde me permite acercarme a Dios. La palabra contrito viene de la raíz de la palabra polvo. Un corazón que ha sido hecho polvo es el que Dios realmente puede usar. ¿Quieres ser usado por Dios? Humíllate.

Preg.: ¿Cómo venceremos nuestro orgullo?

R/: Si nos vemos honesta y francamente como Dios nos ve. Esto debería conducirnos al arrepentimiento, lo cual puede llevarnos a la salvación. (Comenten)

Egocentrismo

Definición: Que se preocupa solo de sus propios intereses, bienestar, etc., envuelto en sí mismo; egoísta. Independiente, autosuficiente; centrado en uno mismo.
Sinónimos: Egoísta, sabelotodo, ensimismado.

Manifiestas son las obras de la carne: adulterio, fornicación, inmundicia, lujuria, idolatría, hechicerías, enemistades, pleitos, celos, iras, contiendas, divisiones, herejías, envidias, homicidios, borracheras, orgías, y cosas semejantes a éstas. En cuanto a esto, os advierto, como ya os he dicho antes, que los que practican tales cosas no heredarán el reino de Dios. Pero el fruto del Espíritu es amor, gozo, paz, paciencia, benignidad, bondad, fe, mansedumbre, templanza; contra tales cosas no hay ley. (Gálatas 5:19-23)

Estudien Gálatas 5:19-23. A la izquierda enumere las obras de la carne y a la derecha, el fruto del Espíritu.

Preg.: ¿De cuál lado preferirías vivir?

Preg.: ¿Qué diferencias hay entre obras y fruto? (Comenten)

R/: Las obras son producidas por uno mismo, bajo la ley, y conducen a la muerte. El fruto es producido por el Espíritu, no bajo la ley, y conduce a la vida.

¿No sabéis que los injustos no heredarán el reino de Dios? No os engañéis: ni fornicarios, ni los idólatras, ni adúlteros, ni afeminados, ni homosexuales, ni ladrones, ni avaros, ni los borrachos, ni maldicientes, ni estafadores, heredarán el reino de Dios. (1 Corintios 6:9-10)

Definición de "carne": Nuestra naturaleza pecaminosa, que hemos heredado como resultado del pecado original de Adán.
   Nota: El pecado entró al mundo a través de un hombre.

Por tanto, como el pecado entró en el mundo por un hombre y por el pecado la muerte, así la muerte pasó a todos los hombres, por cuanto todos pecaron. (Romanos 5:12)

Definición de pecado: Hacer algo que Dios prohibió (pecado de comisión); no hacer algo que Dios ordenó (pecado de omisión). El pecado es desobediencia a Dios.
   Comenten: La caída y depravación del hombre en Génesis 3.

Y creó Dios al hombre a su imagen, a imagen de Dios lo creó; varón y hembra los creó. (Génesis 1:27)

Esto se llama la teoría de la creación o diseño inteligente.

Preg.: ¿Cuál es la respuesta del mundo a este versículo?

R/: Darwinismo / evolución

Por cuanto todos pecaron y están destituidos de la gloria de Dios. (Romanos 3:23)

NOTAS

Comenten: Todos pecaron y están destituidos de la gloria de Dios.

Como está escrito: "no hay justo; ni aun uno". (Romanos 3:10)

Pero la Escritura lo encerró todo bajo pecado, para que la promesa que es por la fe en Jesucristo fuera dada a los creyentes. (Gálatas 3:22)

Porque la paga del pecado es muerte, pero la dádiva de Dios es vida eterna en Cristo Jesús, Señor nuestro. (Romanos 6:23)

Comenten: La paga del pecado es la muerte.

Porque así como el pecado reinó para muerte, así también la gracia reinará por la justicia para vida eterna mediante Jesucristo, Señor nuestro. (Romanos 5:21)

El aguijón de la muerte es el pecado. (1 Corintios 15:56a)

Entonces la pasión, después que ha concebido, da a luz el pecado; y el pecado, siendo consumado, da a luz la muerte. (Santiago 1:15)

Por tanto, como el pecado entró en el mundo por un hombre y por el pecado la muerte, así la muerte pasó a todos los hombres, por cuanto todos pecaron. (Romanos 5:12)

Comenten: La muerte pasó a todos los hombres.

Preg.: ¿Por qué soy responsable del pecado de Adán? (Comenten)

Nota: Adán tenía el "poder generalísimo" para toda la humanidad. ¿Crees que si tú fueras Adán, el resultado habría sido mejor? Adán sería responsable del pecado de Eva aunque no comiera del fruto prohibido, pues como jefe de familia tendría que dar cuenta de ella.

El pecado es como una tarjeta de crédito. Es bonito usarla por un rato, hasta que te llega la cuenta. No te avisa el costo que tendrá. Se alimenta de tu orgullo; solo tienes que firmar tu nombre. Puede afectar lo que hagas en el futuro. Puede encadenarte. Te puede restringir de cosas que quieras hacer. Puede dañar tu familia y otras relaciones.

Comenten: El pecado nos encadena.

Preg.: ¿Cuál es el resultado de ceder ante mi naturaleza pecaminosa (la carne)?

R/: Te has alineado con los enemigos de Dios.

Vosotros sois de vuestro padre el diablo, y los deseos de vuestro padre queréis hacer. Él ha sido homicida desde el principio y no ha permanecido en la verdad, porque no hay verdad en él. Cuando habla mentira, de lo suyo habla, pues es mentiroso y padre de mentira. (Juan 8:44)

Porque nada de lo que hay en el mundo, los deseos de la carne, los deseos de los ojos y la vanagloria de la vida, proviene del Padre, sino del mundo. (1 Juan 2:16)

Preg.: ¿Cómo vencemos el egocentrismo?

R/: Viendo las necesidades de otros antes que las nuestras.

Preg.: ¿Cómo empezamos a ver las necesidades de otros?

R/: Orando por los demás.

Nota: Cuando oramos por otros, estamos reconociendo un poder mayor que el nuestro. Por lo tanto, nos quitamos del medio. Cuando oramos por otros, empezamos a ver sus necesidades y luego deseamos suplir esas necesidades. Al empezar a llenar sus nece-sidades, vamos sacrificando nuestros propios deseos en favor de las necesidades de otros. A esto se refiere la Biblia cuando habla de ofrecer nuestras vidas como sacrificio vivo (Romanos 12:1). No vas a tener una vida hasta que empieces a entregarla a otros.

| NOTAS | Obras de la Carne
con Definición | Fruto del Espíritu
con Definición |
|---|---|---|
| | | |

¿Necesitas ayuda? Ver Addendum "Desglosándolo", B-1 hasta B-6.

¿Conforme a cuál columna decides vivir? La respuesta debería ser obvia, pero si somos honestos con nosotros mismos, tendemos a elegir la columna izquierda sobre la derecha vez tras vez.

Notas del Fundador con Ilustraciones para el Paso 1

> **Paso 1 - Admitir:** Yo admito que mi vida no es mía y no poseo la habilidad para manejarla o controlarla. Me he vuelto impotente sobre la(s) sustancia(s) de las que he abusado. Reconozco mi nece-sidad de que Dios me libere de todas las cosas en este mundo que me han atrapado y que me impiden ser la persona que Dios creó.

Nota del Fundador #1, Paso 1:

Los adictos llaman 'tocar fondo' a la primera parte del Paso 1. El problema es que muchos consideran tocar fondo a una serie de fondos en el camino. Los adictos tienen que quedarse sin opciones. Tienen que llegar al punto donde solo les queda rendirse. No hablo de darse un recreo de la adicción, como hacen muchos al entrar a rehabilitación o incluso a prisión. En sus mentes, están comprando más tiempo para poder comenzar de nuevo. Quizá hasta usen el hecho que han estado en rehabilitación para ganarse la confianza de la gente, de la que luego abusan de nuevo. Los adictos usan y abusan de la gente, y lo harán vez tras vez hasta verse forzados a ver la realidad y magnitud de su depravación.

Yo era tan depravado que robaba de las alcancías de mis hijos, con la falsa promesa que lo devolvería. Nunca lo hice. El adicto necesita lo que enfaticé en el Paso 1: debe tocar fondo. No hay más chance. No puedes seguir. Estás atrapado. La imagen es de uno que está vendado, caminando sobre la plancha en un barco pirata. La persona está sobre el borde; un paso más y caerá al ol-vido. No hay viraje a derecha ni a izquierda y no hay marcha atrás.

Un pregunta que hago en este momento es: "¿Cuánto infierno estás dispuesto a soportar, tú y tu familia, antes que digas, 'Ya basta'?" Recuerdo estar de rodillas en mi celda en prisión, confesándole a Dios que había lastimado a muchos, rogándole que no me dejara herir a nadie más. Le supliqué que me llevara a mi hogar celestial si yo iba a lastimar a alguien de nuevo.

Pregúntales: ¿Ya terminaste de herir a otros? ¿Ya terminaste de herirte a ti mismo? ¿Comprendes que tu pensamiento está defectuoso? ¿Puedes ver tu necesidad de cambiar?

Si un adicto no ve su necesidad de cambiar, no habrá cambio.

Nota del Fundador #2, Paso 1:

Muchas veces un reo me ha dicho, "Dios me puso aquí por una razón" o "el diablo me obligó". La verdad es que Dios no los metió allí. Santiago 1:13 dice, *Cuando alguno es tentado no diga que es tentado de parte de Dios, porque Dios no puede ser tentado por el mal ni él tienta a nadie.* Dios usará a los reos donde estén, pero él no los puso allí. Ni el diablo los obligó. El diablo nos odia porque somos hechos a imagen de Dios. El diablo nos quiere muertos, destruidos. Juan 10:10 dice, *El ladrón no viene sino para hurtar, matar y destruir.* Satanás de seguro no quiere que estudiemos la Palabra de Dios, estemos donde estemos. Así que, ¿quién metió a la cárcel a éstos? ¡Ellos mismos!

Yo laboraba en un centro juvenil cuando una joven me dijo que su padre estaba en prisión, y a ella le decían que llegaría a ser como su padre. "Y aquí estoy", dijo, "en prisión como mi papá". Le pregunté si sabía que los actos que la mandaron a prisión eran malos. Ella me dijo, "Sí, yo sabía que hacía mal". Luego le pregunté cuándo iba a empezar a responsabilizarse por sus actos. Yo quería que se responsabilizara por lo que hacía. Deseaba que viera que sus actos la colocaron delante de un juez y la sentenciaron a un centro juvenil. Hay un momento en la vida cuando debemos asumir la responsabilidad por nuestras propias decisiones. Implícita en el Paso 1 está la necesidad de ser responsable por sus actos. Los adictos deben entender que ellos son la causa principal de su con-dición. Un adicto debe poder decir con certeza: "Conocí a mi enemigo y soy yo mismo".

Nota del Fundador #3, Paso 1:

He aquí dos ejemplos de sustancias y el abuso de ellas. El primer ejemplo es Supermán. Como bebé fue puesto en un cohete por sus padres y lanzado al espacio, segundos antes que su planeta natal de Kriptón explotara. La nave viajó por el espacio y al fin se estrelló contra la Tierra, donde Supermán fue criado por padres terrícolas. Conforme crecía, fue obvio que Supermán tenía cualidades sobrehumanas. Mi punto acá es que Supermán tenía una debilidad: ser expuesto a la kriptonita, un trozo del lugar donde nació. Al ser ex-puesto a la kriptonita, Supermán tenía que alejarse de ella. Si no, se debilitaría y perdería sus poderes. Hasta podría llegar a morir.

Como adictos, todos tenemos nuestra kriptonita; cosas de nues-tro propio mundo que pueden destruirnos. Primero nos debilita, convirtiéndonos en algo que jamás pensaríamos, y luego intenta destruirnos. Cualquiera que sea nuestra kriptonita, tenemos que alejarnos de ella. Aunque la sustancia pueda variar de un adicto a otro, las raíces de nuestras adicciones son las mismas. Estas raíces son el orgullo y el egocentrismo.

El segundo ejemplo que uso es cuando estuve en un centro juvenil en Ohio, dando un estudio bíblico sobre la historia de Jacob. Enseñaba de Génesis 25:29-34, de cómo Jacob había engañado a su hermano Esaú, cambiándole su primogenitura por un plato de lentejas. Mientras comentábamos, un joven levantó su mano y preguntó, incrédulo: "¿Cómo podía Esaú ser tan estúpido de entregar su herencia por un plato de sopa?"

Mi respuesta a él fue: "También tú recibiste una herencia. ¿Cómo pudiste entregarla a cambio de drogas?"

Nota del Fundador #4, Paso 1:

Reconocer tu necesidad de Dios es admitir que hay alguien más grande que tú. Este es un gran paso en la vida del adicto. Las dos mejores palabras que puede pronunciar un adicto son: "No puedo". Luego preguntamos: "¿Quién puede?" El saber que existe un Dios expone al adicto al concepto de rendir cuentas a ese Dios, y lo enfrenta al hecho de que sus actos son muy ofensivos para Dios. *El temor de Jehová es el principio de la sabiduría* (Salmo 111:10).

En su libro *Mero Cristianismo*, C.S. Lewis describe su arribo a la fe. Primero se dio cuenta que hay un Dios. Luego, reconoció que Dios es santo. Seguido, entendió que como Dios es santo, debe castigar el pecado. Lewis admitió ser un pecador. De seguro esto es el principio de la sabiduría.

Nota del Fundador #5, Paso 1:
El orgullo y el egocentrismo son las dos raíces de cualquier adicción. Esto debe repetirse como afirmación y como pregunta, vez tras vez, durante cualquier reunión.

> ¿Cómo vencemos el orgullo? Si nos vemos honesta y francamente, como Dios nos ve.
>
> ¿Cómo me ve Dios? Como pecador, que necesita un Salvador.
>
> ¿Cómo vencemos el egocentrismo? Viendo las necesidades de los demás antes de las nuestras.
>
> ¿Cuál es una buena forma de iniciar este proceso? Podemos empezar por orar por otros.
>
> ¿Qué sabemos de las raíces? Que necesitan ser arrancadas para destruir lo que se nutre de ellas.

Por ejemplo, no puedes solo cortar la mala hierba por encima, pues crecerá de nuevo. Debes sacarla de raíz para eliminarla. La mala hierba representa nuestras adicciones, y las raíces que queremos arrancar y eliminar son el orgullo y el egocentrismo. Sabemos que algunas raíces son más profundas y más difíciles de sacar. El cambio no será fácil. Arrancar raíces, como el dentista que saca una muela, puede ser doloroso. Un adicto debe desear sacar esas raíces de verdad, o el esfuerzo no logrará el efecto deseado, de una vida libre de adicciones. Es fácil ver el orgullo y egocentrismo en otros; lo difícil es verlo en nosotros mismos.

Cuando la gente hace comentarios, siempre se les debe animar a que se incluyan en esos comentarios. A veces en mis clases alguien señala lo que otros deberían hacer. Después de clase, siempre llevo a la persona aparte y la animo a incluirse en sus comentarios. Decir "nosotros" siempre es mejor que decir "usted", cuando se comparte algún ejemplo.

Nota del Fundador #6, Paso 1:
A principios de mi andar cristiano, decidí creer en la Biblia hasta que creí la Biblia. Mi decisión fue por leer una historia del gran ministro metodista, John Wesley. Él retornaba a Inglaterra de las colonias cuando su barco cayó presa de una tormenta tan severa que peligraban las vidas a bordo. Wesley temía por su vida, mientras los misioneros moravos a bordo del barco cantaban alabanzas a Dios. Una vez a salvo en tierra, Wesley entendió que algo faltaba en su fe. Él conocía a Jesucristo intelectualmente, mas no perso-nalmente. Wesley decidió no volver a predicar. Mas Peter Böhler, un moravo y confidente de Wesley, le rogó que no dejara de predi-car, sino que predicara sobre la fe hasta que la

recibiera. Wesley siguió su consejo y pronto obtuvo fe cuando se convirtió en una reunión en la Calle Aldersgate de Londres. El resto es historia.

En el pasado, yo había intentado leer la Biblia a menudo, como ejercicio intelectual, y nunca avancé de las genealogías del libro de Génesis. Pero luego de nacer de nuevo, la Biblia cobró un nuevo significado para mi. Supe que era la Palabra de Dios y la verdad. Decidí creerla hasta creer de verdad. También decidí que si leyera algo que mi intelecto no aceptara, haría la oración que un padre del el Nuevo Testamento hizo: *Señor, yo creo; ayuda a mi incredulidad.*

Volví a leer el relato de la mujer que fue hecha de la costilla del hombre, y creí. Leí como Noé construyó el arca, y lo del diluvio, y creí. Pero cuando llegué al libro de Números, donde un burro habló, oré: *Señor, yo creo; ayuda a mi incredulidad.* Pide discerni-miento y lo recibirás. Me di cuenta de que he escuchado a muchos burros de dos patas hablando y, si el Señor Creador de todo, quiso que un burro hablara, podía hacerlo. Ahora yo estaba andando, escuchando y leyendo por fe. La Palabra de Dios sonaba real. Ante la torre de Babel, podría uno pensar, cómo podía Dios tomar en serio los planes del hombre de construir una torre hasta el cielo. Pero hoy estamos explorando el espacio. Alcanzamos los cielos. Si ese fuera el enfoque de toda la humanidad a través de la historia, es probable que hoy estuviéramos llegando adonde ni imaginamos. La Palabra de Dios es tan verdadera hoy como en los días de Babel.

Nota del Fundador #7, Paso 1:

Al comentar y definir el pecado, el ejemplo de la tarjeta de crédito me parece muy efectivo. Otra herramienta útil es dibujar un círculo en una pizarra y decir: "Esta es la figura geométrica perfecta; sin principio ni fin. Así nos creó Dios. Pero el pecado nos ha desfigurado y erosionado (*mientras vas borrando el círculo, despacio*) hasta el punto que ni siquiera nos parecemos a lo que Dios creó."

Paso 2

Creer

> Yo creo que el Dios que necesito que restaure y reconstruya mi vida es la persona de Jesucristo. La Palabra que estaba con Dios, que es Dios y que se encarnó y vivió entre nosotros.

(Discutan cada versículo bíblico, preguntando: "¿Cómo se aplica este versículo específico al Paso 2?")

Nota: Durante el período conocido como La Ilustración, el escritor francés Voltaire escribió: "Si Dios no existiera, sería necesario inventarlo." Lo que quiso decir fue que como las masas no tenían esperanza en este mundo, más que servir a la aristocracia, sería necesario que los del control mantuvieran a las masas aplacadas, dándoles una falsa esperanza de un mundo venidero. Aunque esto fue dicho por un ateo que trataba de explicar la existencia de Dios de forma escéptica, realmente refuerza el cristianismo. Piénsalo. Si inventaras un dios, ¿harías un dios carpintero que muriera en una cruz? (Comenten)

Preg.: ¿Qué significa restaurar?

R/: Traer de vuelta al uso o existencia; devolver a la condición original o a una deseable.

Preg.: ¿Necesitamos, como adictos, ser restaurados?

Nota: Repase Romanos 3:23 y 6:23.

¿Pondrá el hombre fuego en su seno sin que ardan sus vestidos? (Proverbios 6:27)

Preg.: ¿Llega el pecado con un costo incluido?

Preg.: ¿Sabes de antemano cuál es el costo?

Preg.: ¿Podrás algún día saber el costo total de tu pecado y todas las vidas que impactó?

NOTAS

Repase Gálatas 5:19-21:

> *Manifiestas son las obras de la carne, que son: adulterio, fornicación, inmundicia, lujuria, idolatría, hechicerías, enemistades, pleitos, celos, iras, contiendas, divisiones, herejías, envidias, homicidios, borracheras, orgías, y cosas semejantes a éstas. En cuanto a esto, os advierto, como ya os he dicho antes, que los que practican tales cosas no heredarán el reino de Dios.*

Preg.: ¿Te puedes identificar con alguna de éstas?

Preg.: ¿Cuántas de estas obras de la carne piensas que tienen su raíz en el orgullo y el egocentrismo?

> *¡Miserable de mí! ¿Quién me librará de este cuerpo de muerte?* (Romanos 7:24)

Nota: Para ser restaurados, primero necesitamos ser reconciliados con Dios.

Preg.: ¿Qué significa ser reconciliados?

R/: Ser restaurados a la unidad y la paz.

Preg.: ¿A quién debo acudir para ser reconciliado y restaurado?

Nota: ¡Millones y millones de personas a través de las generaciones han declarado el nombre de Cristo y sus vidas han sido radicalmente cambiadas para el bien! ¿Qué te dice esto?

Preg.: ¿Quieres ser librado?

> *Y según la Ley, casi todo es purificado con sangre; y sin derramamiento de sangre no hay remisión.* (Hebreos 9:22)

Preg.: ¿Cuál es la definición de 'purificado'?

Preg.: ¿Cuál es la definición de 'remisión'?

Preg.: ¿Qué piensas que era tan especial acerca de la sangre de Jesús? Comenta lo que esto significa para ti.

> *Pero Dios muestra su amor para con nosotros en que, siendo aún pecadores, Cristo murió por nosotros.* (Romanos 5:8)

Nota: Tendemos a tratar de ser alguien que no somos, porque tenemos miedo de que si realmente supieran lo que somos y pensamos, no querrían relacionarse con nosotros. Pero Dios conoce cada pensamiento malo que has tenido y tendrás. Conoce cada pecado tuyo pasado y futuro, y aun así murió por ti. Dios te dice: "Ven a mi tal como estás, y permíteme hacer los cambios."

Preg.: ¿Por qué piensas que Dios moriría por ti?

Preg.: ¿Por qué fue necesario que Dios muriera por ti?

> *Si por la transgresión de uno solo reinó la muerte, mucho más reinarán en vida por uno solo, Jesucristo, los que reciben la abundancia de la gracia y del don de la justicia.* (Romanos 5:17)

Nota: La muerte entró en este mundo por los actos de un hombre, Adán. La vida nos es restaurada por un hombre, Jesús. Repase la definición de gracia.

> *Y conoceréis la verdad y la verdad os hará libres.* (Juan 8:32)

Preg.: ¿A qué verdad piensas que se refiere este versículo?

> *Yo soy el camino y la verdad y la vida; nadie viene al Padre sino por mi.* (Juan 14:6)

> *Si el Hijo os libertare, seréis verdaderamente libres.* (Juan 8:36)

Preg.: ¿Cómo es que el Hijo te hace libre?

> *¿No sabéis que si os sometéis a alguien como esclavos para obedecerlo, sois esclavos de aquel a quien obedecéis, sea del pecado para muerte o sea de la obediencia para justicia? Pero gracias a Dios que, aunque erais esclavos del pecado, habéis obedecido de corazón a aquella forma de doctrina que os transmitieron; y libertados del pecado, vinisteis a ser siervos de la justicia.* (Romanos 6:16-18)

Preg.: ¿Cómo definirías la rectitud o justicia?

Preg.: ¿Cómo podemos llegar a ser justos o rectos?

> *Pero por él estáis vosotros en Cristo Jesús, el cual nos ha sido hecho por Dios sabiduría, justificación, santificación y redención.* (1 Corintios 1:30)

> *Sabiendo esto, que nuestro viejo hombre fue crucificado juntamente*

con él, para que el cuerpo del pecado sea destruido, a fin de que no sirvamos más al pecado. (Romanos 6:6)

Nota: La primera parte de este versículo se refiere a la muerte sustitutiva de Jesús.

Preg.: ¿Cómo se aplica la muerte de Jesús a los vivientes?

De modo que si alguno está en Cristo, nueva criatura es: las cosas viejas pasaron; todas son hechas nuevas. (2 Corintios 5:17)

Preg.: ¿Qué significa este versículo para ti?

Preg.: ¿A qué crees que se refiere con 'todas las cosas'?

Nota: C.S. Lewis escribió en su libro, *El Gran Divorcio*, que la vida cristiana empieza a mezclarse con el cielo en el momento que uno acepta a Cristo. (Comenten)

Preg.: ¿Quieres ser una nueva criatura? ¿Deseas ser libre de las cosas del pasado?

No me avergüenzo del evangelio, porque es poder de Dios para salvación de todo aquel que cree. (Romanos 1:16)

Preg.: ¿Qué debo creer para ser salvo?

R/: El evangelio.

Primeramente os he enseñado lo que asimismo recibí: Que Cristo murió por nuestros pecados, conforme a las Escrituras; que fue sepultado y que resucitó al tercer día, conforme a las Escrituras. (1 Corintios 15:3-4)

Nota: El versículo anterior es el evangelio encapsulado.

Preg.: ¿Qué significa el evangelio?

Preg.: ¿Qué tiene de bueno el Viernes Santo? A fin de cuentas, ¿no es el día en que Cristo fue crucificado?

Preg.: ¿Qué piensas que quiso decir Pablo cuando escribió: '*Primeramente os he enseñado lo que asimismo recibí*'?

Nota: Lean y comenten 1 Corintios 15:3-22.

Le respondió Jesús: "De cierto, de cierto te digo que el que no nace de nuevo no puede ver el reino de Dios." (Juan 3:3)

Nota: Todos nacemos físicamente vivos y espiritualmente muertos. Estar espiritualmente muerto implica una vida vacía y separada de Dios. El primer nacimiento es el físico, sin el cual no haría falta el segundo. Para los que están vivos, el segundo nacimiento es tan imperativo como el primero, si queremos ver el reino de Dios.

> *Por cuanto todos pecaron y están destituidos de la gloria de Dios. (Romanos 3:23)*

> *Porque la paga del pecado es muerte, pero la dádiva de Dios es vida eterna en Cristo Jesús, Señor nuestro. (Romanos 6:23)*

> *Pero Dios muestra su amor para con nosotros, en que siendo aún pecadores, Cristo murió por nosotros. (Romanos 5:8)*

> *Si confiesas con tu boca que Jesús es el Señor y crees en tu corazón que Dios lo levantó de entre los muertos, serás salvo. (Romanos 10:9)*

> *Ya que todo aquel que invoque el nombre del Señor, será salvo. (Romanos 10:13)*

Comenten: La Carretera Romana a la Salvación

> *Justificados, pues, por la fe, tenemos paz para con Dios por medio de nuestro Señor Jesucristo. (Romanos 5:1)*

> *Ahora, pues, ninguna condenación hay para los que están en Cristo Jesús, los que no andan conforme a la carne, sino conforme al Espíritu. (Romanos 8:1)*

> *Por lo cual estoy seguro de que ni la muerte ni la vida, ni ángeles ni principados ni potestades, ni lo presente ni lo por venir, ni lo alto ni lo profundo, ni ninguna otra cosa creada nos podrá separar del amor de Dios, que es en Cristo Jesús, Señor nuestro. (Romanos 8:38-39)*

> *Al contrario, vestíos del Señor Jesucristo y no satisfagáis los deseos de la carne. (Romanos 13:14)*

Comenten: Los resultados de la salvación hallados en el libro de Romanos.

Nota: Observa el orden acá: primero tenemos que vestirnos de Cristo y luego no satisfacer los deseos de la carne. (Comenten)

Preg.: ¿Qué crees que significa vestirnos del Señor Jesucristo?

NOTAS

Porque dice: «En tiempo aceptable te he oído, y en día de salvación te he socorrido.» Ahora es el tiempo aceptable; ahora es el día de salvación. (2 Corintios 6:2)

Preg.: Si aún no te has vestido de Jesucristo, ¿Estás listo para recibir al Señor Jesucristo como tu Salvador?

Notas del Fundador con Ilustraciones para el Paso 2

> **Paso 2 - <u>Creer</u>:** Yo creo que el Dios que necesito para restaurar mi vida y hacerme completo, es la persona de Jesucristo. El es la Pa-labra que estaba con Dios, que es Dios y que se hizo carne y ha-bitó entre nosotros.

Nota del Fundador #1, Paso 2:
En el Paso 1, pudimos decidir que sí hay un Dios. ¡Ahora es crucial que hallemos al correcto! ¿Por qué no Alá o Buda o una lista de otros dioses en los que creen en el mundo? Por un principio básico: la Biblia es la Palabra de Dios y es la verdad. Si alguien admite ese principio básico, podremos guiar a esa persona a Cristo. Cuando una persona es confrontada con la verdad, tal persona tendrá que recibir o rechazar dicha verdad. Es una decisión individual.

Nota del Fundador #2, Paso 2:
Escribí anteriormente sobre Voltaire y cómo su cita cínica me hizo considerar cómo un carpintero en una cruz podría ser el único Dios verdadero. Otras cosas me asombraron al empezar a estudiar la Biblia. En el pasado, la gente adoraba el sol y la luna. Hoy sabemos que el sol es una estrella y la luna es un satélite natural de la tierra. Sabemos que no son dioses. Génesis no habla del sol y la luna como dioses sino luces. El sol alumbra el día y la luna, la no-che. Sabemos que esto es cierto. Cuando estudiaba geología, estudié el ciclo del agua. Éste se halla en Isaías 55. La Biblia es un libro espiritual; no pretende ser sobre ciencia o geología. Pero esto que mencioné me refuerza lo veraz que es la Palabra de Dios.

Nota del Fundador #3, Paso 2:
Estando en la cárcel, luego de nacer de nuevo, me encantaba estudiar la Biblia. Noté como otro reo, un budista practicante, también estudiaba la Biblia. Pero él la estudiaba para refutarla. Yo lo veía en la biblioteca, leyendo libros seculares que atacaban la Biblia. Leyó comentarios junto con la Biblia y anotaba lo que le parecía ridículo o contradictorio. Esto lo hizo por varios años. Él se consideraba un erudito. Un día, estudiaba yo en la biblioteca, cuando este hombre se sentó a mi lado. De reojo lo vi buscando en la Biblia, volteando las páginas sin parar. Al fin, frustrado me miró y preguntó: "¿Pue-des decirme dónde hallar la historia de Jonás y la ballena?"

Le respondí: "Podrías buscar en el libro de Jonás." La Palabra de Dios es para el pueblo de Dios. Confunde al sabio.

Nota del Fundador #4, Paso 2:
Cuando era reo, asistí a un servicio en la prisión donde el capellán habló de religiones. Dijo que todas ellas tenían algo de valor. Te sacan del centro y te fijan límites. Los adictos somos egocéntricos y hace mucho que violamos las normas de nuestra sociedad. La religión intenta restaurar esos límites, dándonos un mayor poder a nosotros, como centro del universo. La diferencia es que todas las otras religiones son acerca de lo que podamos hacer por Dios. Solo el cristianismo es acerca de lo que Dios hizo por nosotros. Hay gozo en el cristianismo. No es sobre el *hacer*, sino sobre lo *hecho*. Tiene sentido que yo no pueda hacer nada para mejorar a un Dios perfecto, así que, ¿por qué lo pediría? Uno de los atributos de Dios es la autonomía; no requiere de nada ni nadie para existir. Yo no puedo salvarme ni puedo hacer nada para hacer de Dios mi deudor. Yo no podía llegar a Dios, así que Dios tuvo que venir a mi. Lo hizo en la persona de Jesucristo. Esto sí me suena real. No puedo pensar en otra forma en que la humanidad pudiera ser salva.

Nota del Fundador #5, Paso 2:
¿Por qué culpamos a Dios por lo que hace el hombre? En *El Caso de Cristo*, Lee Strobel escribe sobre un evangelista (Charles Templeton) que se había vuelto agnóstico y humanista luego de ver una foto de un bebé muerto en los brazos de una mujer etíope. Templeton dijo que no serviría a un Dios que permitiera eso. Al pensar en ello, recordé que Dios no trazó las fronteras de Etiopía. Cuando Dios creó el mundo, había bastante para comer y beber. Pero el hombre en su avaricia ha decidido quién come y quién muere de hambre. El pecado llegó al mundo mediante los actos de un hombre y con ellos, la muerte. No debemos cobrarle a Dios lo que hacen los hombres. Hallé esta ilustración útil para los que han sufrido una pérdida, para que reconsideren su visión de Dios. Quiero que vean que Dios es amor. El temor de Dios sí te pone de rodillas, pero el amor de Dios te mantendrá allí, en alabanza y gratitud.

Nota del Fundador #6, Paso 2:
Yo recibo un boletín de Kovels. Venden antigüedades y coleccio-nables. ¡Me sorprendió leer una vez que una revista de Supermán se vendió por dos millones de dólares! Eso me hizo pensar en la sangre de Cristo. ¿Cuánto costaría una gota de la sangre de Cristo en el mercado hoy? El precio sería incalculable. Por eso yo debo ser de gran valor para Dios, porque esa sangre se me aplicó a mi. *Y según la Ley, casi todo es purificado con sangre; y sin derrama-miento de sangre no hay remisión.* (Hebreos 9:22)

Nota del Fundador #7, Paso 2:

En cuanto a su muerte sustitutiva, Cristo no murió por pecadores purificados. Debes venir tal como estás. Es genial que muriera por los pecadores, que haya muerto por otros, pero no vale de nada si no puedes decir que murió por ti. Puedes decir que el Señor es el pastor; pero tienes que poder decir: "Él es mi pastor." Cuando yo enseño en la prisión, uso el ejemplo de un hombre sentenciado a muerte, sentado en la silla eléctrica, y de pronto le ofrecen tomar su lugar. Yo pregunto: "¿Qué necesita hacer el hombre en la silla?"

La respuesta que busco es: "¡Pues, levantarse de la silla!"

"Algunos de ustedes," les digo, "aún están en la silla. Tienes que levantarte de allí antes que la activen y ya no puedas."

Nota del Fundador #8, Paso 2:

¿Es más fácil pecar o servir a Cristo? Los adictos suelen decir que es más fácil pecar. Algunos cristianos dicen que es más fácil retroceder que obedecer. ¿Por qué? Porque hay que dejar de agradar la carne. Sienten que sacrifican algo para ser cristianos. No miden el costo total de la vida que llevan. Luego les pido que se visualicen al final de sus vidas de pecado y lo contrasten con el final de una vida sirviendo al Señor. ¿Cuál vida piensan que fue más fácil?

Revise sus notas anteriores de Gálatas 5:19-23. Los adictos no miden el costo. Tienden a minimizar o aislar el costo, como si pu-dieran pagarlo en cómodas cuotas. No funciona así. El pago total se puede exigir en cualquier momento. Dice el dicho: "El pecado te llevará más lejos de donde quieres, te mantendrá más tiempo del que deseas quedarte y te costará más de lo que quieres pagar."

Nota del Fundador #9, Paso 2:

El Hijo te libertará. En eso consiste el perdón. En tiempos antiguos, si deseabas iniciar una nueva vida, viajabas al oeste, usabas otro nombre y empezabas de nuevo. Hoy con computadoras, sistemas de rastreo de tarjetas, etc., no puedes irte al oeste, pero sí puedes comenzar de nuevo. Puedes ser una nueva persona. Puedes ser perdonado. ¿No es genial ser perdonado? Ser libre de la paga del pecado y de la muerte, para empezar de nuevo, es maravilloso.

Un día andaba por el patio de la cárcel con un hermano cristiano y me dijo: "Larry, si entendiéramos de verdad lo que Cristo hizo por nosotros en la cruz, nuestro gozo sería tan pleno que este cerco no podría retenernos. ¡Estaríamos haciendo volteretas ahora mismo!" Cuando enseño siempre pregunto: "¿No quieres ser perdona-do?" Si no hay deseo de ser perdonado, no hay deseo de cambiar. Les digo a los alumnos que no tienen que salir así; pueden salir perdonados. No me importa cómo los llamen, o lo que la sociedad les diga; si conoces al Hijo como Salvador, estás perdonado y Dios te llama amigo. Nunca hallarás una mejor oferta que esa.

Nota del Fundador #10, Paso 2:

En cuanto a 2 Corintios 5:17, yo estaba en un congreso misionero en Mississippi cuando oí al predicador decir: "Este versículo habla del hombre interior; solo lo de adentro se renueva."

Mi Biblia no dice eso. Mi Biblia dice: *todas las cosas son hechas nuevas* (2 Corintios 5:17). ¿Por qué la gente busca poner sus propios límites a este versículo? Porque el hombre perdona a medias, pero Dios perdona por completo. Parece que cada denominación tiene un hacha que afilar con este verso. O la Palabra de Dios es verdad y todo se renueva, o Dios miente y solo parte se renueva.

Recuerdo cuando nací de nuevo. Cambió mi forma de ver el mundo. Vi la mano de Dios en la creación. Vi su belleza y magnitud por primera vez. Los gansos volando, el cielo azul, los árboles, todo me parecía nuevo, hasta mi forma de ver a las personas. Las veía a la luz del amor de Dios y empecé a amarlas también. Tengo un primo, Billy, a quien nunca quise. Creo que lo envidiaba porque mi padre a menudo hablaba muy bien de él. Billy era un alguacil, y creo que algo de eso también influía. El primo Billy fue uno de los primeros que vi cuando salí de prisión. Recuerdo haber visto por la ventana de la casa de mis padres, que Billy llegaba en su auto. Pensé: "¡Señor, me estás probando muy pronto!" Pero mi primo y su esposa, Vaunda, eran nacidos de nuevo, y la pasamos muy bien ese día. Luego se me ocurrió que tal vez no me caía bien porque era cristiano. ¿Qué tienen en común las tinieblas y la luz? Hoy veo a mi primo y a su esposa; ellos apoyan mucho mi ministerio.

¿Significa en 2 Corintios 5:17 que no enfrentaremos las consecuencias de nuestra vida pasada? Es cierto que Dios nos ve blancos como la nieve, pero aún debemos enfrentar nuestro pasado. Habrán problemas por nuestros pecados pasados. Pero la forma de verlos y nuestro deseo de resolver esos problemas (que ya no lucen tan enormes), ¡serán nuevos! Ya no tendremos que bregar solos con esos problemas. El Señor nunca nos dejará o abando-nará. En Cristo todo lo podemos. Encaramos los problemas a la luz de la Palabra de Dios. Si Dios es por nosotros, ¿quién contra noso-tros? Estoy convencido que 2 Corintios 5:17 significa exactamente lo que dice: *De modo que si alguno está en Cristo, nueva criatura es: las cosas viejas pasaron;* **todas son hechas nuevas.**

Nota del Fundador #11, Paso 2:

Escribí antes sobre nacer físicamente vivo y espiritualmente muerto. Para explicar esto mejor, comparémonos con computadoras. Estando vivos físicamente, la información se descarga por medio de nuestros cinco sentidos (vista, oído, tacto, olfato y gusto). Luego procesamos esta información y tomamos decisiones basados en lo procesado. Por ejemplo, por lo que he aprendido de mis sentidos, si veo un incendio lo rodeo y no lo atravieso. Estos datos son pro-cesados constantemente por el cerebro, lo cual provoca la toma de decisiones y el actuar o no actuar. Sin embargo, es cierto que hay más cosas invisibles que visibles. Por ejemplo, una simple silla tiene moléculas que la sujetan. Hay átomos con protones y neutrones. La gravedad mantiene la silla en su lugar. No veo estas cosas, pero existen. No puedo ver un virus, pero sé que existe. No puedo ver lo extenso del universo, pero sé que está allá afuera. Lo cierto es que nada es tan sencillo como parece.

Todo ser humano tiene una parte espiritual, la cual necesita conectarse con el Espíritu de Dios para que podamos comprender lo que existe en la dimensión espiritual. Una vez conectados, el Espíritu Santo nos descarga información y luz que nos ilumina las cosas que antes estaban a oscuras. Por lo tanto, tenemos información mejor y más completa para tomar decisiones. Entre más infor-mación tenemos, mejores decisiones tomaremos, con mejores resultados. Entonces, ¿cómo nos conectamos espiritualmente? Ocurre cuando recibimos al Espíritu Santo. Y esto sucede cuando ponemos nuestra fe en Jesús.

Paso 3

Decidir

> He decidido apartarme de las cosas del pasado (arrepentirme) y pedirle a Jesús que sea Señor y conductor de mi vida (rendición).

(Discutan cada versículo bíblico, preguntando: "¿Cómo se aplica este versículo específico al Paso 3?")

Nota: Lamentablemente, mucha gente nunca completa el Paso 2. Quizá hasta crean que Jesús es quien dijo que es, pero solo lo saben a nivel intelectual. Ellos ven, creen, pero no reciben. Deciden que Jesús y el cristianismo no son para ellos. No hay arrepentimiento. No hay rendición. Al pie de la cruz, debe ocurrir una transferencia de voluntades. Entregamos nuestra voluntad y recibimos la voluntad de Dios, el plan y propósito de Dios para nuestras vidas. Lo que conocemos como verdad en nuestra mente necesita ser transferido a nuestro corazón.

> *Para que abras sus ojos, para que se conviertan de las tinieblas a la luz y de la potestad de Satanás a Dios; para que reciban, por la fe que es en mí, perdón de pecados y herencia entre los santificados.* (Hechos 26:18)

Preg.: ¿Quién es "mi" en el versículo anterior?

Preg.: No recibimos solo perdón de pecados al volvernos a Jesús; ¿qué más recibimos?

Preg.: ¿Qué significa una herencia para ti?

> *Porque si os volvéis a Jehová, vuestros hermanos y vuestros hijos hallarán misericordia delante de los que los tienen cautivos, y volverán a esta tierra; porque Jehová, vuestro Dios, es clemente y misericordioso, y no apartará de vosotros su rostro, si vosotros os volvéis a él.* (2 Crónicas 30:9)

Nota: *Porque si os volvéis.* Esto podría referirse tanto a los que han retrocedido, como a quienes se están volviendo de muerte a vida por primera vez.

Preg.: Cuando Dios te bendice, ¿quién más es bendecido?

Preg.: ¿Cómo nos volvemos a Él?

R/: Si hemos retrocedido, confiesa y arrepiéntete. Si te estás volviendo de la muerte a la vida, es a través de Cristo.

Comenten la parábola del Hijo Pródigo:

> *También dijo: «Un hombre tenía dos hijos, y el menor de ellos dijo a su padre: "Padre, dame la parte de los bienes que me corresponde." Y les repartió los bienes. No muchos días después, juntándolo todo, el hijo menor se fue lejos a una provincia apartada, y allí desperdició sus bienes viviendo perdidamente. Cuando todo lo hubo malgastado, vino una gran hambre en aquella provincia y comenzó él a pasar necesidad. Entonces fue y se arrimó a uno de los ciudadanos de aquella tierra, el cual lo envió a su hacienda para que apacentara cerdos. Deseaba llenar su vientre de las algarrobas que comían los cerdos, pero nadie le daba. Volviendo en sí, dijo: "¡Cuántos jornaleros en casa de mi padre tienen abundancia de pan, y yo aquí perezco de hambre! Me levantaré e iré a mi padre, y le diré: 'Padre, he pecado contra el cielo y contra ti. Ya no soy digno de ser llamado tu hijo; hazme como a uno de tus jornaleros.'" Entonces se levantó y fue a su padre. Cuando aún estaba lejos, lo vio su padre y fue movido a misericordia, y corrió y se echó sobre su cuello y lo besó. El hijo le dijo: "Padre, he pecado contra el cielo y contra ti, y ya no soy digno de ser llamado tu hijo." Pero el padre dijo a sus siervos: "Sacad el mejor vestido y vestidle; y poned un anillo en su dedo y calzado en sus pies. Traed el becerro gordo y matadlo, y comamos y hagamos fiesta, porque éste, mi hijo, muerto era y ha revivido; se había perdido y es hallado." Y comenzaron a regocijarse.* (Lucas 15:11-24)

Nota: Revise el plan de salvación de Dios. ¿Has recibido a Jesús? Si lo hiciste, cambiarás. Estás en alianza con Dios. ¡Son buenas nuevas! Cuán rápido cambies depende mucho (no por completo) de lo honesto de tu arrepentimiento y el nivel de tu rendición. Dios requiere que nos rindamos sin condiciones. Pero a veces queremos negociar con Dios. El crecimiento del cristiano está íntimamente ligado a nuestra dependencia de Dios. Él hará su parte, pero también depende de cuánto tú le permitas hacer. Quizá al principio no lo notes, pero empezarás a cambiar. Tu cambio será más y más evidente para ti. ¡Lo mejor es que otros también lo notarán!

> *En cuanto a la pasada manera de vivir, despojaos del viejo hombre, que está corrompido por los deseos engañosos, renovaos en el espíritu de vuestra mente, y vestíos del nuevo hombre, creado según Dios en la justicia y santidad de la verdad.* (Efesios 4:22-24)

Nota: Esto es un proceso que solo alcanzamos cuando recibimos la nueva naturaleza de Dios. Repase 2 Corintios 5:17. Recuerda que en ese versículo, *todas las cosas* significa eso mismo: *todo*. No dejes que nadie te engañe, como si algunas cosas no estuvieran bajo la gracia de Dios.

Preg.: ¿Cómo definirías el término *viejo hombre*, arriba?

R/: La antigua manera de vivir (ver Efesios 4:19).

Preg.: ¿Qué significa ser renovado en el espíritu de tu mente? ¿Será un regreso a la sensatez?

Nota: Cuando te despojas de algo, debes revestirte de algo. Es como llenar los asientos de una rueda de Chicago. No se llenan todos a la vez, sino uno por uno. Cuando la rueda de Chicago se detiene, unos se bajan y otros suben. Debemos descargar los vie-jos hábitos y ponernos los nuevos, no todos a la vez, sino un hábito o grupo de hábitos a la vez.

Comenten Mateo 12:43-45:
Cuando el espíritu impuro sale del hombre, anda por lugares secos buscando reposo, pero no lo halla. Entonces dice: "Volveré a mi casa, de donde salí." Cuando llega, la halla desocupada, barrida y adornada. Entonces va y toma consigo otros siete espíritus peores que él, y entran y habitan allí; y el estado final de aquel hombre viene a ser peor que el primero. Así también acontecerá a esta mala generación.

Nota: ¿Qué ocurrió cuando tratamos de dejar nuestras adicciones en el pasado? ¿No regresó el deseo mucho más fuerte que antes? No es suficiente barrer la casa; debemos llenarla para que, cuando la tentación llame a la puerta de nuevo (y lo hará), podamos decir: "¡Vete! Esta ya no es tu casa, y no hay espacio para ti."

Preg.: ¿Cómo halló la casa el espíritu inmundo al regresar a ella?

Preg.: ¿Regresó solo?

Preg.: ¿Será más difícil expulsarlo la segunda vez? Comenten.

No mintáis los unos a los otros, habiéndoos despojado del viejo hombre con sus hechos y revestido del nuevo. Éste, conforme a la imagen del que lo creó, se va renovando hasta el conocimiento pleno.
(Colosenses 3:9-10)

Nota: Algo de lo más difícil de dejar para el adicto es la mentira. Lo hacemos sin pensarlo, como estilo de vida. Somos buenos en eso.

Aprender a decir la verdad requiere práctica y fe. La mejor forma es compartirlo con otros creyentes. Necesitamos vivir en la verdad; aceptar la verdad sobre nosotros. Pero solo con la ayuda de Dios.

Nota: La palabra *hechos* en este versículo es la imagen de algo continuo, que ya es costumbre. Siempre habrá una lucha entre lo que nuestra carne (naturaleza pecadora) desea hacer y el proceso de renovación que está ocurriendo dentro de nosotros. (Comenten)

Preg.: Para la mayoría el cambio, es un proceso lento. ¿Por qué crees que Dios no nos transforma de una vez para terminar ya?

> *Si se humilla mi pueblo, sobre el cual mi nombre es invocado, y oran, y buscan mi rostro, y se convierten de sus malos caminos; entonces yo oiré desde los cielos, perdonaré sus pecados y sanaré su tierra.*
> (2 Crónicas 7:14)

Nota: Este es uno de los versículos más citados de la Biblia. Tomemos un tiempo para estudiarlo y discutirlo.

Preg.: ¿A quién le está hablando Dios?

Preg.: ¿Cuáles cuatro cosas le pide Dios a su pueblo que haga?

Preg.: ¿Qué significa buscar el rostro de Dios?

Preg.: ¿Cómo recibimos perdón? ¿A quién le está hablando Dios? (Lo repite para darle énfasis)

Preg.: ¿Qué piensas que quiso decir Dios con "sanaré su tierra"?

Nota: Lo que Dios hace a nivel global, lo hará a nivel individual.

Preg.: ¿Necesitan sanidad tú y tu familia? ¿Qué deben hacer?

> *Buscad primeramente el reino de Dios y su justicia, y todas estas cosas os serán añadidas.* (Mateo 6:33)

Nota: Como escribí antes, una meta de este programa es desarrollar una actitud de gratitud hacia Dios. Una buena forma de iniciar es orando a primera hora: "¿Dios, qué quieres que haga hoy? Esta sencilla oración nos da la pauta para el día. No decimos: "Esto es lo que quiero o debo hacer hoy." Más bien le pedimos a Dios que guíe nuestros pasos, lo cual nos permite entrar a un mundo mucho mayor que nosotros mismos.

Preg.: ¿Cómo recibimos la justicia de Dios?

R/: Repase 1 Corintios 1:30.

Preg.: ¿Qué significa todo esto para ti? (Comenten)

> *No os acordéis de las cosas pasadas ni consideréis las cosas antiguas. He aquí que yo hago cosa nueva.* (Isaías 43:18-19a)

Nota: Si todo es hecho nuevo, dile adiós al pasado. "Ayer es historia, mañana es un misterio y hoy es un don. Por eso lo llamamos presente." Olvidemos la gente y cosas dolorosas del pasado. Si no perdonamos, dejaremos que esa gente y esas cosas nos sigan da-ñando. Necesitamos entregárselos al Señor; empezar una nueva vida. Los viejos amigos sin Cristo ya no tienen nada en común contigo. La Biblia dice que las tinieblas nada tienen en común con la luz. Estamos en el mundo pero no somos del mundo. (Comenten)

> *Si, pues, habéis resucitado con Cristo, buscad las cosas de arriba, donde está Cristo sentado a la diestra de Dios. Poned la mira en las cosas de arriba, no en las de la tierra, porque habéis muerto y vuestra vida está escondida con Cristo en Dios. Cuando Cristo, vuestra vida, se manifieste, entonces vosotros también seréis manifestados con él en gloria.* (Colosenses 3:1-4)

Nota: Estos versículos describen nuestra nueva vida en Cristo. Su gloria es ahora nuestra gloria y su Padre nos llama sus amigos.

Notas del Fundador con Ilustraciones para el Paso 3

Paso 3 - Decidir: Decido apartarme de las cosas del pasado (arrepentirme) y pido a Jesús que sea mi Señor y conductor (rendición).

Nota del Fundador #1, Paso 3:

Este es el paso más importante en la vida de un individuo. Sin esto, todo lo demás es pura mímica. Sin esta decisión, el poder para vivir una vida libre de adicciones se nos niega. 2 Timoteo 3:5 dice: *Que tendrán apariencia de piedad, pero negarán la eficacia de ella. A esos, evítalos.* La convicción, el arrepentimiento y la rendición nos disponen para recibir al Señor Jesús y su regalo de vida eterna.

Nota del Fundador #2, Paso 3:

Hace varios años, me invitaron a un servicio en la prisión, dirigido por un exconvicto. Dijo haber guiado a más de 11 mil reos a una profesión de fe en el último año, en su ministerio. Aún yo no estaba escéptico; más bien impresionado y curioso de cómo dirigía los ser-vicios. Esperaba ver u oír algo beneficioso para mis propios cultos.

Pero pronto me di cuenta que el orador, aunque tenía un fuerte testimonio, no conocía la Biblia. La citó mal varias veces, y una vez dijo que Moisés no era un hombre educado. Pude disimular eso por su poderoso testimonio, pero lo que pasó luego no lo podía ignorar. Al final del culto, a todos se les pidió ponerse en pie y se les guió en la oración del pecador. Luego se les dijo que todos eran salvos. De seguido les impusieron manos los del equipo ministerial a cargo del culto. Me pidieron que ayudara a imponer manos, y cuando me rehusé, me preguntaron: "¿Por qué?"

Respondí: "¿Dónde está el arrepentimiento?" Es mi convicción que uno puede arrepentirse y no ser salvo; pero no puede ser salvo sin arrepentirse. Es terrible decirle a la gente que son salvos cuando no lo son. Los números pueden ser engañosos.

Nota del Fundador #3, Paso 3:

Dije antes que alguna gente nunca avanzan del Paso 2. Aceptan que Jesús es quien dijo ser, pero no reconocen que él es el único camino al cielo. Piensan que todos los caminos llevan al cielo. Son espléndidos con la gracia de Dios como si ellos la repartieran. Por cierto, todos hemos pecado contra un Dios santo. Hemos vivido negando su existencia. Hemos sido abierta y flagrant-emente rebeldes y desobedientes. Merecemos la muerte, pero se nos ofrece la vida mediante Jesucristo. ¿No es absurdo quejarnos de un solo camino al cielo, cuando no merecemos ningún camino?

Nota del Fundador #4, Paso 3:

Tenemos nuestro vocabulario cristiano y lo usamos tan bien, que creemos que todos saben de lo que hablamos. Vi al capellán de un centro juvenil caer en la trampa, hablando con 30 adolescentes. Repetía la palabra *gracia* durante su mensaje. Al acabar, siendo mi turno para hablar, pedí que alguien me definiera la palabra *gracia*. Nadie pudo. ¿Pues, cómo podrían los jóvenes captar algo del mensaje del capellán? Los que lean, oigan o estudien este material deben poder entender los términos. Santifica, justifica, esperanza, fe, gracia y muchas otras palabras cristianas necesitan ser defini-das y explicadas para que quien las oiga o lea comprenda su significado. No compliques el evangelio. Déjalo sencillo. Si usas esto para estudio personal, no temas usar un diccionario bíblico o uno regular para ayudarte a entender las palabras o conceptos.

Nota del Fundador #5, Paso 3:

Durante un receso en la prisión estatal donde yo daba clases, inicié una con-versación con una joven monja que enseñaba en el aula de al lado. Durante la conversación ella mencionó que mucha gente se pierde para siempre porque su conocimiento de Cristo no ha viajado 45 cm de su cabeza a su corazón. Yo le sonreí y le pregunté: "¿Estás segura que no eres bautista, hermana?"

Nota del Fundador #6, Paso 3:

Al comentar la parábola del hijo pródigo, yo siempre resalto que el hijo había llegado a su límite; había tocado fondo. Para los judíos, un cerdo es un animal impuro; nada es más degradante para ellos que ser forzado a asear una porqueriza. Si ese hijo no dijo las dos mejores palabras que un adicto puede pronunciar (no puedo), de seguro las pensó, lo cual le recordó que su padre sí podía. Cayó bajo convicción, se humilló, miró su condición real, confesó su pecado y se arrepintió. Por ello fue restaurado a una sana relación con su padre. Yo creo que el proceso de salvación funciona así e involucra a las tres personas de la Santa Trinidad:

1. El Padre - *Nadie puede venir a mí, si el Padre, que me envió, no lo atrae; y yo lo resucitaré en el día final.* (Juan 6:44)

2. El Espíritu Santo - *Y cuando él venga, convencerá al mundo de pecado, de justicia y de juicio. De pecado, por cuanto no creen en mí.* (Juan 16:8-9)

3. El Hijo - *Jesús le dijo: 'Yo soy el camino, la verdad y la vida; nadie viene al Padre sino por mí.'* (Juan 14:6)

La salvación le compete a Dios. El Espíritu Santo convence; el Padre atrae hacia el Hijo a los que están convencidos, y el Hijo lleva hacia el Padre a los que han sido limpiados por su sangre.

Nota del Fundador #7, Paso 3:

En una nota anterior, mencioné el querer negociar con Dios. He escuchado a los reos orar así: "Señor, si me devuelves a mi esposa te serviré por el resto de mi vida", o "Señor, si me otorgas libertad judicial, no volveré a usar drogas." Seguro que todos recordamos este tipo de oración. Pero primero tenemos que considerar a quién le estamos orando. Dios es el creador de todas las cosas; todo fue creado por Él, y sin Él nada fue creado. Él es omnisciente. Conoce nuestro corazón mejor que nosotros mismos. Veamos este relato de Mateo 26:31-35a:

Entonces Jesús les dijo: "Todos vosotros os escandalizaréis de mí esta noche, pues escrito está: "Heriré al pastor y las ovejas del rebaño serán dispersadas." Pero después que haya resucitado, iré delante de vosotros a Galilea. Respondiendo Pedro, le dijo: Aunque todos se escandalicen de ti, yo nunca me escandalizaré. Jesús le dijo: De cierto te digo que esta noche, antes que el gallo cante, me negarás tres veces. Pedro le dijo: Aunque tenga que morir contigo, no te negaré.

Estoy seguro que Pedro fue sincero al decir que nunca negaría al Señor. Seguro que lo creyó en ese instante, pero Jesús conocía su corazón. Dios no busca negociar con nosotros. Dios busca nuestra rendición total, absoluta e incondicional.

Nota del Fundador #8, Paso 3:

En 2 Crónicas 7:14 Dios le habla a su pueblo. El pueblo de Dios es falible. Dios no nos diría que nos humillemos si fuéramos humildes. Lo opuesto es el orgullo, que es una de las raíces de la adicción. Muchas veces en la Biblia Dios nos dice que nos humillemos. Una vez decidí orar por humildad. Le pedí a Dios que me humillara. No fue algo agradable. Es mejor humillarnos a que Dios nos humille, créeme. Te alegrará haberlo hecho.

Dios sigue diciendo: "Si mi pueblo… y si oraran". O sea, no estamos orando. Esto será por nuestro egocentrismo, la otra raíz de la adicción. Hemos de buscar Su presencia, Su audiencia, Su apro-bación. Pero muy a menudo somos como niños, cuando su madre les dice: "¡Espera que tu padre llegue a casa!" Evitamos a Dios por-que estamos pecando y necesitamos confesarlo y arrepentirnos. No queremos testificar porque sabemos que seríamos hipócritas. Tenemos que volvernos de nuestra maldad, porque seguir en ella nos impide orar, testificar y ser luz en el mundo. El pecado ha tapado u opacado nuestra luz como el cobertor de una lámpara. Cristo murió para libertarnos del pecado. Oro para que no nos enredemos de nuevo en el pecado, pero si lo hacemos, confesemos el pecado y apartémonos para poder dar todo lo mejor para Jesús.

Nota del Fundador #9, Paso 3:

En Mateo 6:33 Jesús dijo: *Buscad primeramente el reino de Dios y su justicia, y todas estas cosas os serán añadidas.* De nuevo subrayo Isaías 55, donde Dios nos enfatiza que sus caminos no son los nuestros. Tendemos a querer invertir el proceso de Mateo 6:33. Le decimos a Dios que si hace tal cosa, buscaremos su reino. Dios desea que primero busquemos su reino (donde todo está en perfecta obediencia a Él) y su justicia. Solo entonces nos dará todas estas cosas. Note que la justicia de Dios se halla en la persona de Jesucristo. Mateo 6:33 debe entenderse en el contexto de cuando recibimos a Cristo.

Paso 4

Buscar

> He realizado una búsqueda sincera y un inventario personal, con la intención de eliminar lo que no está conforme a la voluntad de Dios para mi vida.

(Discutan cada versículo bíblico, preguntando: "¿Cómo se aplica este versículo específico al Paso 4?")

Sed hacedores de la palabra y no tan solamente oidores, engañándoos a vosotros mismos.
(Santiago 1:22)

Nota: Siempre debemos leer la Biblia con la meta de aplicar lo leído a nuestra vida cotidiana. Si realmente queremos un cambio, sería útil tener un plan de acción. Para poder tener dicho plan, primero hay que recabar información nuestra sobre la que podamos actuar. El plan será diferente para cada uno, porque la lista que elaboremos será acorde con cada individuo. Mientras que el ciclo de adicción es el mismo para todos los adictos, también es cierto que a todos nos provocan diferentes cosas y cada cual tiene su propia kriptonita. (Comenten)

La adicción misma no es el problema, sino un síntoma del problema (o problemas) con los que tene-mos que empezar a bregar aquí en el Paso 4. ¿Por qué somos como somos? ¿Cómo llegamos adonde estamos? Estas son preguntas difíciles, y no hay atajos para hallar las respuestas. Tenemos que ser rigurosamente exhaustivos en nuestra búsqueda, si deseamos que este paso nos funcione. El Paso 4 es para recopilar información, donde miramos bien el viejo yo, y se nos presenta el nuevo yo.

Preg.: ¿Cómo iniciamos esta búsqueda honesta y el inventario moral?

R/: Empezamos con lo que sabemos que es verdad, y luego edificamos sobre ello.

Repasemos:

Preg.: ¿Cuáles son las dos raíces primarias de la adicción?

R/: El orgullo y el egocentrismo.

Preg.: ¿Cómo vencemos el orgullo?

R/: Vencemos el orgullo al mirarnos franca y honestamente como Dios nos ve. (Comenten)

Nota: Mantenerse honesto con uno mismo y con Dios es la clave del Paso 4. La información veraz causa un plan de acción veraz.

Preg.: Nuestra búsqueda sincera e inventario moral también requieren que seamos intrépidos o audaces. Aunque suene peculiar, es justamente la actitud que necesitamos. ¿En qué se relaciona una actitud intrépida con mirarnos de forma sincera u honesta?

Preg.: ¿Puede ser doloroso hacer inventario moral personal?

Nota: Mientras caminaba por el patio de la prisión un día, noté el reflejo del sol sobre el alambre navaja. Me di cuenta que aun con el reflejo del sol, no tenía nada bonito ese alambre. De pronto me impactó otro pensamiento de golpe. Ese alambre navaja no fue diseñado para decoración artística. ¡Fue puesto allí para mantenerme adentro de la cerca! ¡Yo era tan malo que tuvieron que poner ese alambre encima para retenerme ahí! La cerca no fue construida para que la gente no me alcance; es para que yo no llegue a ellos. Hasta entonces, si me hubieras preguntado, yo hubiera dicho que era buena persona, ¡aunque tenía tres números de la prisión! Qué fácil es engañarnos a nosotros mismos.

Preg.: ¿Podemos engañarnos al hacer un inventario? Dé unos ejemplos. (Comenten)

Preg.: ¿Cómo vencemos el egocentrismo?

R/: Viendo necesidades de otros antes que las propias. (Comenta)

Nota: Si yo sé que las dos raíces principales de la adicción son el orgullo y el egocentrismo, tiene sentido empezar mi inventario personal buscando señales de estas raíces en mi vida. Las raíces se tienen que extraer por completo si hemos de destruir lo que producen y sustentan. El proceso puede ser muy doloroso. La realidad es un negocio doloroso, pero Dios nos llama a abrazar la vida que Él nos dio a cada uno y que lo adoremos en espíritu y verdad.

> *¡Crea en mí, Dios, un corazón limpio, y renueva un espíritu recto dentro de mí!* (Salmo 51:10)

Nota: El recitar este versículo del Salmo 51, escrito por David luego de haber cometido terribles pecados, seguro que es una buena forma de empezar a tomar inventario. El único cambio que importa y que es duradero empieza desde adentro. Isaías 55:8 nos dice que los caminos de Dios no son los nuestros. De hecho, a menudo los caminos de Dios son lo opuesto a los nuestros. El mundo busca cambiarnos de afuera hacia adentro, pero Dios busca cambiarnos de adentro hacia afuera.

Preg.: ¿De cuál forma (hacia adentro o hacia afuera) crees que es más efectivo el cambio? (Comenten)

Preg.: ¿Qué piensas que quiso decir David con *un espíritu recto*?

Preg.: ¿Cómo podría un espíritu recto ayudarnos en el proceso de tomar un inventario personal?

Preg.: ¿Quién es el hace los cambios?

> *Examíname, Dios, y conoce mi corazón; pruébame y conoce mis pensamientos. Ve si hay en mí camino de perversidad y guíame en el camino eterno.* (Salmo 139:23-24)

Nota: Cualquier inventario personal inicia cuando Dios nos examina. El salmista que escribió los versículos arriba no dijo: "Voy a hacer", sino que pide a Dios "ayúdame". Tenemos que admitir que Dios es el que entiende mejor nuestra condición espiritual. A menu-do el pecado se oculta del pecador, y muchas veces nos eximimos cuando no debemos. Note la voluntad implícita del salmista, a so-meterse a cualquier cambio que Dios disponga. También está dispuesto a actuar, pero solo en alianza con Dios.

Preg.: ¿De qué formas podría Dios examinar nuestro corazón?

Preg.: ¿Qué quiso decir el salmista cuando le pidió a Dios que lo probara?

Preg.: ¿Qué piensas que es el camino eterno?

> *¡Yo, Jehová, que escudriño la mente, que pruebo el corazón, para dar a cada uno según su camino, según el fruto de sus obras!* (Jeremías 17:10)

Nota: En este versículo, Dios dice que prueba el corazón. Él le dará a cada hombre según su camino y el fruto de sus obras. Este es el principio bíblico de cosechar lo que siembras. Al hacer nuestro inventario personal, es importante que busquemos hábitos que conduzcan a sembrar malas semillas. También es importante que ha-llemos los hábitos que nos lleven a plantar buenas semillas. Debemos buscar lo bueno y lo malo dentro de nosotros, procurando eliminar lo malo y tratando de reforzar lo bueno.

Preg.: ¿Qué significa examinar el corazón para ti?

Preg.: ¿Cuál es la mejor forma de obtener la provisión de Dios?

Repasemos:
Contraste las obras de la carne (naturaleza pecadora) con el fruto del Espíritu (ver Gálatas 5:19-23). (Comenten)

Preg.: ¿Cuál de los dos preferirías cosechar?

Nota: Un fruto puede ser malo o bueno. Todo depende de quien lo produce. Si es la carne, el fruto será malo; entonces violaremos la ley y moriremos. Si el fruto lo produce el Espíritu de Dios, no hay ley contra ello. Podrás tener la cantidad de este fruto que quieras y no te lastimará ni a ti ni a otros, porque conduce a la vida.

> *Ten cuidado de ti mismo y de la doctrina; persiste en ello, pues haciendo esto te salvarás a ti mismo y a los que te escuchen.*
> (1 Timoteo 4:16)

Nota: Si la miseria ama tener compañía, el pecado también. Un borracho pronto te ofrece un trago porque tomar acompañado es más divertido que tomar solo. Lo mismo ocurre con adictos a la droga y el sexo; siempre buscan atraer a otros. Ese es el problema con decir: "Lo que ocurra entre adultos en acuerdo mutuo a puerta cerrada es cuestión de ellos." El pecado nunca se queda detrás de la puerta cerrada. Siempre anda buscando nuevos reclutas.

Nuestro pasado ha influenciado a otros negativamente. (Comenten)

Pero lo contrario ahora puede ocurrir; nuestras acciones pueden influenciar a la gente positivamente. Estábamos en camino hacia la muerte, pero ahora estamos en el sendero hacia la vida. Podemos dar el ejemplo y guiar a otros a la vida. Necesitamos ser muy exhaustivos con nuestro inventario. Es asunto de vida o muerte.

> *Sed imitadores míos, así como yo lo soy de Cristo.* (1 Cor. 11:1)

Nota: Nuestra meta al tomar inventario es desarrollar un plan que nos permita hacer la anterior declaración.

> *¡De ninguna manera! Antes bien, sea Dios veraz y todo hombre mentiroso; como está escrito: «Para que seas justificado en tus palabras, y venzas cuando seas juzgado.»* (Romanos 3:4)

Nota: Al hacer nuestro inventario podemos confundirnos. El mundo puede aprobar ciertos actos que tú sabes que la Palabra de Dios no aprueba. Como cristianos, hemos de obedecer la ley del país; ¿Y si esa ley contradice la ley de Dios? Hechos 4:18-19 nos dice que Pedro y Juan se enfrentaron a ese dilema. Las autoridades les ordenaron no hablar ni enseñar en el nombre de Jesús, bajo pena de un severo castigo. Pedro y Juan respondieron: "Juzgad si es justo delante de Dios obedecer a vosotros antes que a Dios." La Palabra de Dios es verdad y todo se debe medir contra ella. Dios, y no el hombre, es el juez final de lo que es bueno o malo.

Preg.: ¿Qué significa ser justificado en tus dichos? Busca la definición de "justificado" y coméntala a la luz de este versículo.

Preg.: ¿Cómo podemos ser justificados al ser juzgados?

> *Entonces les dijo: «Vosotros sois los que os justificáis a vosotros mismos delante de los hombres, pero Dios conoce vuestros corazones, pues lo que los hombres tienen por sublime, delante de Dios es abominación.* (Lucas 16:15)

Nota: La meta de nuestro inventario no es agradar a los hombres, sino agradar a Dios.

Preg.: ¿Qué significa sublime? ¿Qué significa abominación? Dé unos ejemplos de lo que el hombre estima, pero ofende a Dios.

Nota: Lo que retenemos y lo que soltamos tiene que alinearse con la Palabra de Dios.

Notas del Fundador con Ilustraciones para el Paso 4

Paso 4 - Buscar: He hecho una búsqueda sincera y un inventario moral de mí mismo, procurando eliminar lo que no esté conforme a la voluntad de Dios para mi vida.

Nota del Fundador #1, Paso 4:

Un buen plan requiere buena información. Cuando yo jugué fútbol en la secundaria, veíamos vídeos de juegos para buscar debilidades y fortalezas del equipo rival. Con esa información planeábamos nuestro juego. Así enfoco yo el Paso 4. Solo que el vídeo que ahora veo es acerca de mí. Estoy viendo mis debilidades y fortalezas, y con esa información diseñaré una estrategia de juego para tener una vida libre de adicciones.

Pregúntales: "¿Cómo definirías la palabra 'honesto'?

Honesto: veraz, honorable en principios, intenciones y actos.

Nota del Fundador #2, Paso 4:

Lo que piensas sí importa. Importa la intención detrás de tus actos. Por ejemplo, abrirle la puerta a una dama puede ser caballeroso o indecente, según tu intención real detrás del acto. Antes de iniciar el inventario, tenemos que saber por qué lo hacemos. ¿Lo hacemos sin pensarlo? ¿Estamos perdiendo el tiempo? ¿Estamos tra-tando de complacer a otros, a nosotros mismos, o a Dios? Son algunas preguntas que necesitamos resolver antes de empezar con nuestro inventario. ¿Qué otras preguntas deberíamos resolver antes de empezar el Paso 4?

Nota del Fundador #3, Paso 4:

Podemos abordar la honestidad de diferentes maneras. Por ejemplo, imagina que estamos en la playa y yo le pido a la persona junto a mi que me sujete la billetera, que contiene US$200,oo, mientras voy a nadar. Cualquiera diría que es deshonesta si huye con mi di-nero mientras ando nadando. También diríamos que es honesta si a mi regreso de nadar, me devuelve la billetera con todo el dinero.

Pero hay otra situación. ¿Qué, si yo extendiera mi billetera hacia la persona y me dijera: "No me la des; es demasiada tentación para mi"? También pensaría que la persona es honesta. Es el mismo re-sultado que con el hombre honesto que me devolvió la billetera. Aún tendría mi billetera con los doscientos dólares. Solo que la última persona admitió su debilidad. En algún momento hizo un inventario personal sincero. ¿Qué impediría a alguien admitir tal debilidad? La respuesta es el orgullo. El adicto debe desechar el orgullo; tiene que poder decirle a otros: "No puedo hacer eso."

Una vez compartí este ejemplo en una clase de la prisión, y un convicto joven me pidió hablar conmigo sobre un asunto muy serio. Él estaba casado y tenía dos hijas. Estaba preso por haber sido condenado por abuso sexual. Luego de varios años de sentencia, tuvo una audiencia y se le concedió libertad condicional. Su esposa accedió a recibirlo de vuelta. Es decir, tenía un domicilio a dónde ir, algo clave para un delincuente sexual. Conozco a muchos que, al ser absueltos, no pueden ser liberados por no tener a dónde ir. Hay muy pocos refugios para delincuentes sexuales.

Este afortunado regresaría a su casa. Pero lo que me dijo ese día me estremeció y cimentó en mí para siempre el conocimiento del poder de la Palabra de Dios. El convicto me dijo: "Al escucharte hoy, me di cuenta que debo ser honesto conmigo mismo y con mi familia. Cuando me fui de casa mis hijas eran apenas niñitas, y ahora son adolescentes. Luego de tantos años en prisión, temo ser un peligro para ellas. ¿Qué hago?" Le pregunté qué creía que debía hacer, y me dijo que debía ser sincero. Me pidió que le ayudara a hacerlo. Él sabía que arriesgaba su libertad condicional, su ma-trimonio y todo lo más preciado, pero decidió hacer lo correcto.

Yo sugerí que hablara con el encargado de su caso, quien llamó a su esposa, quien a su vez llamó a su pastor. Programaron una visita para definir unas reglas. A sus hijas se les avisó de estas reglas. Se le permitió regresar a casa y su relación con su esposa e hijas ahora es de amor, honor y respeto. Dios es bueno.

Nota del Fundador #4, Paso 4:

El gran filósofo francés del siglo 17, René Descartes, escribió una frase célebre en su "Discurso de Método", que aún se cita hoy. Dijo: "Cogito ergo sum", o "Pienso, por eso existo." La lógica acá es que si dudo que existo, compruebo que existo. Podemos concluir que si el pensar comprueba la existencia de uno, lo que pensemos debe ser importante. La verdad es que lo que pensamos define el tipo de persona que somos. La Biblia a menudo nos habla de ideas vanas. Son pensamientos inútiles, sin valor y sin significado o importancia duraderos. Como adictos, tenemos que controlar nuestra imagina-ción. ¿Por qué? Al ser a imagen de nuestro Creador, tendemos a crear lo que imaginamos. Pueden ser cosas buenas, o podemos imaginar y planear cosas malas, hiriendo lo que más amamos.

Nota del Fundador #5, Paso 4:

La adicción es solo un síntoma de un problema mayor, o problemas mayores. El pecado es progresivo. El ciclo de pecado empieza con una idea en contra de la voluntad de Dios. Si la idea no se desecha de inmediato y más bien la entretenemos, se convierte en pecado.

El siguiente paso es el ensayo. Imaginamos cómo sería actuar sobre esa idea. Para la mayoría, hay barreras (consecuencias per-cibidas) que los frena allí mismo. Pueden temer que los atrapen, se divorcien o que avergüencen o pierdan a su familia. Hasta podrían ir a prisión. Las drogas y el alcohol dañan el proceso de barreras. Es como echar gasolina en un edificio que arde en llamas. Ya no nos importa que nos atrapen, o minimizamos las consecuencias de ser atrapados. Yo tomaba para poder actuar. Un convicto me dijo que él decidía drogarse para tener el valor de robar un banco.

Nota del Fundador #6, Paso 4:

La moral se define en el diccionario como: "Dícese del juicio sobre la bondad o maldad de un acto o el carácter humano; conforme a las normas de lo que es correcto o justo comportamiento; ético." Es importante poner el énfasis en la Palabra de Dios como nuestra au-toridad, y el estándar sobre el cual juzgamos lo que es moral.

En la Alemania Nazi de los años 30s y 40s, el eliminar la pobla-ción judía y confiscar sus propiedades era visto por las autoridades como correcto, por lo cual lo legalizaron. Cuando estas autoridades fueron enjuiciadas por sus crímenes de guerra en Nuremburg, el juez que los sentenció era de otra opinión. Dijo que hay una ley que sobrepasa cualquier ley de hombres: la Ley de Dios. Dijo que a los ojos de Dios toda vida en la Tierra es valiosa. Los Nazis habían violado esta ley y se atribuyeron la decisión sobre quién viviría y quién moriría. Solo Dios tiene ese derecho.

Cuando hacemos nuestro inventario moral, lo medimos contra la verdad de la Palabra de Dios. No interesa lo que el hombre llama pecado; solo lo que Dios llama pecado. Hoy consideramos muchas cosas buenas, que la Palabra de Dios censura. Hoy, al igual que en la Alemania Nazi, la verdad triunfará. La Palabra de Dios es veraz; si la violas o la alteras para calzar con otro estándar (quizá el de la mayoría de la gente), entonces la verdad ya no es la verdad.

Nota del Fundador #7, Paso 4:

Al hacer nuestro inventario, no debemos minimizar nuestras faltas o excusarlas. La sociedad nos dará razones para fracasar. Muchos en nuestro país buscan alentar el fracaso, pero resienten y degra-dan a quienes son exitosos (según la definición de éxito de Dios).

He aquí un ejemplo de un sermón que escuché en la prisión. El pastor Knute Larson dijo: "Los que busquen la verdad serán objeto de burlas. Los que hallen la verdad serán aislados. Los que hablen la verdad serán ejecutados para que otros puedan seguir viviendo la mentira en paz." Matthew Henry escribió: "La Palabra de Dios irrita la mente carnal."

El mundo intenta cambiar a la gente de afuera hacia adentro. Te dirán que fracasaste por crecer en un hogar disfuncional. Lo que no te dirán es que muchos que crecieron en hogares disfuncionales y orfelinatos hoy tienen vidas productivas. Te dirán que fracasaste por el barrio pobre en el que creciste. Pero muchos que crecimos en buenos vecindarios nos volvemos adictos y criminales, mientras que otros que crecen en los barrios más pobres son exitosos en la vida como empresarios, maestros y más. ¿Será todo por tu nivel de educación? Tampoco es el caso. Gente muy educada ha cometido terribles crímenes. O se han hecho adictos. Concluyo que la gente honesta y trabajadora, sin importar su nivel de educación, vive una vida más feliz y realizada.

Tal vez te han dicho que fracasaste porque no lograste hallar empleo. Pero conozco a muchos hombres y mujeres que salieron de la prisión, hallaron un buen empleo, pero luego volvieron a la cárcel. Aún nos queda la genética. Algunos dicen que tenemos ge-nes defectuosos, que nacimos así y, por lo tanto, estamos permanentemente lisiados. De todas las excusas que nos da el mundo, esta es la más triste. Un defecto genético no tiene arreglo, pero los alcohólicos sí pueden ser restaurados; no están sin esperanza. Si llamamos al pecado por su nombre, podremos vencer ese pecado y ser sanados. Si llamamos al pecado por su nombre, entonces podemos aceptar lo que Cristo hizo por nosotros en la cruz, y ser perdonados. Tenemos esta esperanza.

My abuelo paterno fue alcohólico. Mi padre también. Mi herma-no mayor, Chuck, murió de alcoholismo. Mi hermano Richard casi enloquece por abusar del alcohol. Mi hermana fue adicta. En algu-nos casos los niños se inclinan ante los mismos ídolos que sus padres adoraron. Es una maldición generacional. Alguien podría decir que es genético, pero yo digo que es una decisión.

Yo elijo a Jesús como mi Señor y Salvador, y hoy decido no beber. Dios me cambió desde adentro hacia afuera. Ahí está la solución. Si pones a alguien de corazón malvado en un vecindario nuevo, mejoraste su lista de víctimas. Lo ascendiste. Si educas a alguien de corazón malo, tendrás a un malvado edu-cado. Si le das empleo a un malvado, no dejará de ser malvado. La única forma que el cambio tiene sentido es cambiar primero su corazón, y luego ayudarle a conseguir una educación. Eso hará que la persona tenga un mejor trabajo, que pueda vivir en una mejor zona, o incluso que mejore su propio vecindario.

Entonces, ¿cómo cambiamos el corazón de alguien? No podemos, pero Dios sí puede. De eso se trata este programa. *Buscad primeramente el reino de Dios y su justicia, y todas estas cosas os serán añadidas* (Mateo 6:33).

Nota del Fundador #8, Paso 4:

Regreso a Isaías 55:8, y reitero lo que Dios nos dijo en Su Palabra, que Sus caminos no son los nuestros. De hecho, a menudo nuestros caminos son lo opuesto de los de Dios. Este versículo es un buen ejemplo. Queremos invertir el orden acá. Le decimos a Dios: "Haz esto, dame aquello y te serviré." Quizá queramos saber todo de antemano antes de responder a Dios. Dios puede decirnos que vayamos a tal lugar y preguntamos: "¿Por qué?" Tal vez Dios no nos mostrará por qué hasta que lleguemos allí.

La primera vez que Dios me llamó a Alabama, apenas iniciaba en el ministerio. No conocía a nadie allá, ni tenía el dinero para el viaje. Cuestioné la lógica de Dios y le dije que tenía bastante ministerio en Ohio. Dios me llevó a Jeremías 1:1-7. Mi paráfrasis personal sería: "No discutas. No me des excusas. Solo haz lo que te digo y testifica de mí." La clave era confiar. Me fui a Alabama con un cupón para gasolina y seis dólares en mi bolsillo. Resultó que el ministerio Vidas Cambiadas y yo fuimos enormemente bendecidos. Si buscas el Reino de Dios, Él guiará tu vida. Buscar el Reino de Dios te ayudará a ver lo que Dios quiere cambiar en ti. Al hacerlo, aprenderás a depender de Él para todas tus necesidades. Haz de este versículo tu prioridad y *todas estas cosas te serán añadidas*.

Nota del Fundador #9, Paso 4:

Cuando hacemos el inventario moral sincero, buscamos desenredarnos de las trampas del pasado.

Al facilitar este programa, siempre pregunto por las señales de orgullo en nuestro andar cotidiano. Una gran señal es la cantidad de discusiones en las que caemos durante el día. ¿Nos enojamos con facilidad? Yo destaco que hay gente que busca mortificarte. Buscan que respondas negativamente para poder controlarte. Yo preguntó: "¿Permites que alguien se equivoque?" Es triste pensar que algunos solo leen la Biblia cuando tratan de refutar a otro.

Un buen ejemplo bíblico (siempre debemos buscarlos) se halla en 1 Corintios 8:4-13, donde Pablo discute sobre carne sacrificada a ídolos y dioses falsos. Pablo dice que, como cristianos maduros, sabemos que esos dioses falsos no existen, por lo cual se puede comer esa carne; pero un cristiano inmaduro puede pensar distinto. Si hacemos algo que realmente consideramos pecado, aunque no lo sea, entonces sí estamos pecando.

Pablo explica que, en vez de permitir que un hermano más débil peque por comer carne ofrecida a ídolos, él prefiere abstenerse. Dicho de otra forma, ¡Pablo no golpeó a este hermano más débil en la cabeza con un rollo bíblico y le dijo que madurara! Más bien le mostró paciencia, dándole tiempo de madurar en el Señor.

Un día hablaba yo con un capellán de prisión, sobre cómo medir el crecimiento cristiano. Me dijo que nunca debemos asumir que somos más maduros que otro solo por conocer más de la Biblia. También me dijo: "Uno no sabe cuántos dragones esa persona tuvo que matar solo para llegar adonde está."

Nota del Fundador #10, Paso 4:

Se detectan las señales de egocentrismo al preguntar: "¿Cuándo fue la última vez que oré por alguien?" El orar por otros nos hace ver sus necesidades, lo cual nos impulsa a querer ayudarles. Esto puede requerir de nuestro tiempo, dinero o ambos. En el proceso, nos disponemos a sacrificar algo que deseamos para llenar las necesidades de otro. Otra buena pregunta para hacernos es: "Cuántas cosas necesito realmente?" Me asombro cuando veo un programa en la TV donde la gente se aferra a lo que han acumulado por años. Realmente tienen una atadura emocional a estas co-sas. Son adictos del acaparamiento. No debemos amar las cosas, sino a las personas. Los adictos usan a las personas y aman las cosas. Dios desea que usemos las cosas y amemos a la gente.

Paso 5

Reconocer

> Ante Dios, los demás, y ante mí mismo, reconozco que mi inventario es veraz. Ahora empiezo a usar la información de mi inventario, diseñando un plan que resultará en una vida libre de las adicciones.

(Discutan cada versículo bíblico, preguntando: "¿Cómo se aplica este versículo específico al Paso 5?")

Nota: Hemos elaborado nuestro inventario, buscando las señales de orgullo y egocentrismo. Son las raíces principales de la adicción y necesitan eliminarse si vamos a vivir libres de adicciones. Hemos admitido nuestras debilidades y fortalezas. Hemos pedido a Dios que nos perdone los pecados, y confia-mos que los arrojó tan lejos como está el este del oeste. Somos una nueva creación, siendo conformados a la imagen de Dios. Ahora, a trabajar. Empezó el juego. Ahora es en serio. Como dijo alguien: "He conocido a mi enemigo y soy yo mismo." Ahora sí podemos enfrentar al enemigo. En el Paso 5 vamos a la ofensiva.

Preg.: ¿En este momento tendremos ya un inventario personal completo?

R/: No, pero deberíamos haber tenido ya un buen comienzo.

Preg.: ¿Llegará a estar completo algún día?

R/: No. (Comenten)

Nota: Hablemos por un momento de cómo está armada la Biblia. Este es un ejercicio de aula y no es para relacionarlo con los versículos siguientes (ver *addendum*, Ejercicio Bíblico Básico, página 130).

El cristiano tiene tres enemigos: la carne, Satanás y el mundo. Necesitamos reconocer a nuestros enemigos y estudiar sus métodos. El enemigo siempre vendrá a nosotros donde nos ha vencido antes.

Preg.: De los tres, ¿sobre cuál tenemos mayor control? Comenten sobre los porcentajes.

R/: La carne: 70%. El mundo: 15%. Satanás: 15%.

NOTAS

Preg.: ¿Qué queremos decir con la carne?

R/: Nuestra naturaleza pecadora.

> *¡Gracias doy a Dios, por Jesucristo Señor nuestro! Así que, yo mismo con la mente sirvo a la ley de Dios, pero con la carne, a la ley del pecado. (Romanos 7:25)*

Preg.: La vida está hecha de elecciones, y éstas tienen sus consecuencias. ¿Cuáles son las dos elecciones mencionadas acá?

> *Los que son de la carne piensan en las cosas de la carne; pero los que son del Espíritu, en las cosas del Espíritu. (Romanos 8:5)*

Preg.: ¿Qué piensas que significa ir en pos de la carne? Dé unos ejemplos personales de ir en pos de la carne.

Preg.: ¿Cómo podemos ir en pos del Espíritu?
(Lean Salmo 37:1-8 y comenten)

Preg.: ¿Cuáles son las dos elecciones en estos versículos?

Nota: Es hora de repasar y comentar Gálatas 5:16-26. En el versículo 26 leemos sobre envidiar al otro. Es comparar lo que tene-mos con lo de otro y luego envidiarlo. Parece que nunca nos comparamos con los que tienen menos. Más bien, nos comparamos con quienes tienen más.

Preg.: ¿Por qué hacemos comparaciones?

Preg.: ¿Piensas que comparar lo que tenemos con lo de otros sea bueno o malo?

Preg.: Comparar te lleva a codiciar. ¿Qué significa codiciar?

R/: Desear incorrectamente lo que es de otro.

> *El ocuparse de la carne es muerte, pero el ocuparse del Espíritu es vida y paz. (Romanos 8:6)*

Preg.: ¿Qué es carnalmente? ¿Qué es encarnado? Comenten.

Preg.: La vida son opciones. ¿Cuáles nos presenta Romanos 8:6?

Preg.: ¿Cómo conciliamos las opciones con la predestinación?

RECONOCER

> *Y los que viven según la carne no pueden agradar a Dios.* (Romanos 8:8)

> *Pero sin fe es imposible agradar a Dios, porque es necesario que el que se acerca a Dios crea que él existe y que recompensa a los que lo buscan.* (Hebreos 11:6)

Preg.: ¿Quién no puede agradar a Dios?

Preg.: ¿Cuál piensas que es la raíz de estar en la carne?

Preg.: ¿Qué sabemos del orgullo y el egocentrismo?

Preg.: ¿Según Hebreos 11:6, qué es lo que agrada a Dios?

Preg.: ¿Qué opciones nos presentan los versículos anteriores?

Preg.: ¿Qué opciones has elegido en el pasado y qué resultó? ¿El resultado fue según lo escrito en la Biblia? (Comenten)

Preg.: Si tuvieras que elegir hoy entre agradar o desagradar a Dios, ¿cuál escogerías?

Nota: Lo bueno es, si Cristo murió por ti (digo "si" porque debes nacer de nuevo para recibir el Espíritu de Dios), el proceso de conversión dentro de ti (estás siendo conformado a la imagen del Hijo de Dios) te dará la victoria sobre la adicción. No tienes que seguir como adicto, ni un solo día más. ¡Esas son buenas noticias!

> *Pero vosotros no vivís según la carne, sino según el Espíritu, si es que el Espíritu de Dios está en vosotros. Y si alguno no tiene el Espíritu de Cristo, no es de él.* (Romanos 8:9)

> *Todo aquel que confiese que Jesús es el Hijo de Dios, Dios permanece en él y él en Dios.* (1 Juan 4:15)

Preg.: ¿Cómo recibimos el Espíritu de Dios?

Preg.: ¿Son el Espíritu de Dios y el Espíritu de Cristo lo mismo?

> *El Espíritu mismo da testimonio a nuestro espíritu, de que somos hijos de Dios.* (Romanos 8:16)

> *En esto conocemos que permanecemos en él y él en nosotros, en que nos ha dado de su Espíritu.* (1 Juan 4:13)

> *Y por cuanto sois hijos, Dios envió a vuestros corazones el Espíritu de su Hijo, el cual clama: '¡Abba, Padre!'* (Gálatas 4:6)

Según los versículos anteriores:

Preg.: ¿Podemos estar seguros que recibimos el Espíritu de Dios?

Preg.: Si tenemos el Espíritu de Dios, ¿somos salvos?

Preg.: ¿Podemos estar seguros de que somos salvos?

> *Y éste es el testimonio: que Dios nos ha dado vida eterna y esta vida está en su Hijo. El que tiene al Hijo tiene la vida; el que no tie-ne al Hijo de Dios no tiene la vida. Estas cosas os he escrito a vo-sotros que creéis en el nombre del Hijo de Dios, para que sepáis que tenéis vida eterna y para que creáis en el nombre del Hijo de Dios. (1 Juan 5:11-13)*

> *Así que ya no eres esclavo, sino hijo; y si hijo, también here-dero de Dios por medio de Cristo. (Gálatas 4:7)*

Nota: Nunca recibirás una mejor oferta que esta. No hay nada me-jor que ser heredero de Dios por Cristo. Es tu nueva identidad en Cristo. Esto es lo que Dios ideó para ti. Mantén tu cabeza en alto por lo que eres en Él. Jesús levanta nuestra cabeza. Nuestra ver-güenza se fue, y Su gloria es ahora nuestra gloria. (Comenten)

> *Y él por todos murió, para que los que viven ya no vivan para sí, sino para aquel que murió y resucitó por ellos. (2 Corintios 5:15)*

> *Por lo tanto, hermanos, os ruego por las misericordias de Dios que presentéis vuestros cuerpos como sacrificio vivo, santo, agra-dable a Dios, que es vuestro verdadero culto. (Romanos 12:1)*

Nota: Este versículo a veces se usa mal, como un tipo de penitencia, debido a como traducen *sacrificio vivo*. ¿Cómo medimos nuestra vida? La medimos en tiempo (segundos, minutos, horas, días, meses, años). Somos lo único creado que ha tratado de medir el tiempo. ¿Cómo entenderíamos el don de Dios de vida eterna sin un concepto del tiempo? Cuando nos negamos a nosotros mis-mos para servir a otros, damos de nuestro tiempo; entregamos nuestra vida por otros. Jesús dijo: "*Nadie tiene mayor amor que éste, que uno ponga su vida por sus amigos.*" (Juan 15:13) Jesús entregó su vida por nosotros, así que, en grati-tud, entregamos nuestra vida por otros. Nos volvemos sacrificios vivos, y este es nuestro servicio razonable. Esta es la respuesta apropiada al amor de Cristo por nosotros en la cruz.

> *Así que, hermanos, deudores somos, no a la carne, para que vivamos conforme a la carne. (Romanos 8:12)*

Nota: No le debemos nada a nuestros enemigos. Los enemigos de Dios nos han engañado y casi destruido. El pecado nos endeudó y nos hizo esclavos de nuestros enemigos. Pero la sangre de Cristo nos libertó, y es a Él que estamos endeudados.

> Someteos, pues, a Dios; resistid al diablo, y huirá de vosotros.
> (Santiago 4:7)

Nota: Si entregamos nuestra voluntad para hacer lo que Dios nos manda, resistiremos al diablo, y no tendrá más opción que retirar-se. Pero regresará, mejor preparado y más fuerte. Tú también tendrás que estar preparado y fuerte.

Preg.: ¿Cómo nos preparamos para resistir al diablo, a la carne y al mundo?

> *No os ha sobrevenido ninguna prueba que no sea humana; pero fiel es Dios, que no os dejará ser probados más de lo que podéis resistir, sino que dará también juntamente con la prueba la salida, para que podáis soportarla.* (1 Corintios 10:13)

Nota: Este es otro versículo que se confunde. A menudo se explica mal como, "Dios no nos da lo que no podamos manejar." Pero ha-bla de la tentación. La palabra usada también se traduce como *prueba*. Cuando somos tentados, somos probados. ¿Haremos lo correcto a los ojos de Dios, o lo que complace al mundo y la carne? No seremos tentados más allá de lo que podamos superar. Dios proveerá la salida, si la buscamos. Esa es la clave: buscarla.

> *Les hablo en términos humanos a causa de la debilidad de la carne de ustedes. Porque así como presentaron sus miembros como esclavos a la impureza y a la iniquidad cada vez mayor, así presenten ahora sus miembros como esclavos a la justicia para la santidad.*
> (Romanos 6:19)

Nota: Pablo nos llama a servir a Cristo con todo el celo que tenía-mos por las adicciones. Nuestro deseo de cambiar debe superar el deseo de ceder ante la carne. También necesitamos un deseo ar-diente por una vida libre de adicciones, y la confianza para saber que la victoria nos está garantizada en Cristo.

Preg.: ¿Qué significa ceder?

R/: Significa endosar. No es solo rendirse; es un total abandono.

Preg.: ¿Podemos elegir qué debemos ceder o ante quién ceder?

Preg.: Note el término santidad. ¿Qué significa santidad para ti?

Santificaos, pues, y sed santos, porque yo, Jehová, soy vuestro Dios. (Levítico 20:7)

Preg.: ¿Qué significa santificar?

R/: Purificar; librar de pecado. Consagrar; apartar con un propósito.

Escrito está: "Sed santos, porque yo soy santo." (1 Pedro 1:16)

Preg.: ¿Qué significa santo?

R/: Espiritualmente puro.

Ahora, pues, ninguna condenación hay para los que están en Cristo Jesús, los que no andan conforme a la carne, sino conforme al Espíritu. (Romanos 8:1)

Preg.: ¿Es posible que seamos santos?

Preg.: ¿Cómo obtenemos la santidad?

No os conforméis a este mundo, sino transformaos por la renovación de vuestro entendimiento, para que comprobéis cuál es la buena voluntad de Dios, agradable y perfecta. (Romanos 12:2)

Nota: La Biblia menciona la *vana imaginación* muchas veces. Vano significa inútil. Como adictos, usamos nuestra imaginación para esconder nuestra responsabilidad, para evitar una realidad dolorosa. También la usamos como un sitio cómodo para concebir el pecado; un refugio de iniquidad donde anhelamos estar. Nos encanta, y volvemos allí a menudo. El problema es que somos creados a imagen de Dios, el Creador, y tendemos a crear lo que imaginamos. Por lo tanto, necesitamos cambiar las imaginaciones que dan resultados negativos, por las que dan resultados positivos. Si imaginamos cosas buenas, planificaremos lo bueno y ocurrirán cosas buenas.

Preg.: ¿Hay una presión constante para que nos amoldemos a este mundo? Dé algunas formas de amoldarnos a este mundo.

Preg.: ¿Cómo piensas que son renovadas nuestras mentes?

Nota: Parte de este versículo a menudo se usa mal. La perfecta voluntad de Dios no requiere nuestra comprobación. Su Palabra es veraz. Cuando los fariseos dijeron a Jesús que su testimonio no era válido por ser suyo, Jesús les dijo: *Aunque testifique de mí mismo, sí es válido* (Juan 8:14). ¿Por qué? Porque no debía comprobar nada; Él era la prueba encarnada de toda verdad. Sin embargo, la vo-luntad de Dios se comprueba por nuestras vidas y pensamientos. Nuestros actos dan fe de la vida de propósito que Dios quiso para todos los que lo buscamos y lo conocemos. Nuestras vidas cam-biadas son buenas y agradables, como resultado de la voluntad perfecta de Dios manifestada en nosotros.

> *Estas cosas os he hablado para que en mí tengáis paz. En el mundo tendréis aflicción, pero confiad, yo he vencido al mundo.* (Juan 16:33)

Preg.: ¿Al ser cristiano desaparecerán todos tus problemas?

Preg.: ¿Tendrás que lidiar aún con cosas de tu pasado?

Preg.: ¿Qué diferencia habrá entre tu vida pasada y la vida que tienes hoy como cristiano?

Nota: El cristianismo nos ofrece mucho. La paz es algo que nunca tuvimos como adictos, pero ahora tenemos paz y esperanza. Antes no había esperanza para nosotros, solo angustia.

> *Y si el Espíritu de aquel que levantó de los muertos a Jesús está en vosotros, el que levantó de los muertos a Cristo Jesús vivificará también vuestros cuerpos mortales por su Espíritu que habita en vosotros.* (Romanos 8:11)

Preg.: Repase 1 Corintios 15:3-4. ¿Qué es el evangelio?

Preg.: ¿Qué significa vivificar?

Preg.: ¿Cómo se alinea este versículo con el evangelio?

> *Hijitos, vosotros sois de Dios y los habéis vencido, porque ma-yor es el que está en vosotros que el que está en el mundo.* (1 Juan 4:4)

Preg.: ¿Quiénes son los *hijitos*?

Preg.: ¿Quiénes son los *ellos*?

Preg.: ¿Quién está en nosotros, mayor al que está en el mundo?

> *Todo lo puedo en Cristo, que me fortalece.* (Filipenses 4:13)

Cristo en mí y yo el Él es la clave. Por medio de Cristo y en Cristo, en el poder del Espíritu Santo, puedo planear una vida libre de adicciones y puedo tener éxito.

Buscad primeramente el reino de Dios y su justicia, y todas estas cosas os serán añadidas. (Mateo 6:33)

Preg.: A la luz de todo lo que has aprendido en el Paso 5, ¿qué significa este versículo para ti?

Notas del Fundador con Ilustraciones para el Paso 5

Paso 5 - Reconocer: Ante Dios, los demás, y ante mí mismo, reconozco que mi inventario es veraz. Ahora empiezo a usar la información de mi inventario, diseñando un plan que resultará en una vida libre de las adicciones.

Nota del Fundador #1, Paso 5:

En el Paso 5 pasamos de ver vídeos a estar en el juego. Por pri-mera vez para muchos, vamos a la ofensiva. De nuevo, enfatizo lo vital de un inventario veraz y sin temor. Me enrolé en la Naval durante la Guerra de Vietnam y me entrenaron como especialista en radar y guerra electrónica. Una de mis funciones era recomendar ruta y velocidad del navío durante maniobras oceánicas con portaaviones. Una vez cuando me llamaron para dar dicha recomendación, me apresuré demasiado y no revisé mi resultado antes de enviarlo al capitán. Mis cálculos estaban errados y el capitán me regañó, declarándome: "Cero datos es mejor que malos datos".

Lo mismo es cierto en cuanto a nuestro inventario.

Nota del Fundador #2, Paso 5:

Es importante notar que mientras pensamos en nuestro inventario, usamos la imaginación como Dios quiso que la usáramos. Un pensamiento de pecado lleva al ensayo, que lleva a la acción, la cual resulta en consecuencias. Un pensamiento piadoso lleva a un plan, que lleva a desarrollarlo y ejecutarlo, lo cual resulta en el logro del plan. Si planificamos una vida libre de adicciones, con la ayuda de Dios crearemos esa vida.

Nota del Fundador #3, Paso 5:

Al diseñar nuestro inventario, debemos identificar los activadores, aquello que nos lanza a la etapa de ensayo, lo cual nos hace reincidir. Algunos activadores se pueden evitar, pero otros deben ven-cerse. Por ejemplo, como alcohólico puedo evitar pasar frente a un bar al usar otra ruta a casa. Pero no puedo evitar que el globo de Budweiser sobrevuele cerca de mi. Algunos activadores se pueden evitar y otros no. Evitar lo evitable debe ser parte de nuestro plan.

Nota del Fundador #4, Paso 5:

En la película *Patton*, el general de dicho apellido derrotó a su ho-mólogo Nazi, Rommel, leyendo su libro sobre guerra con tanques. Así, Patton entendió cómo pensaba su enemigo, pudo contrarrestar las maniobras de Rommel y derrotarlo. Es importante que entendamos cómo piensa nuestro enemigo también.

Este enemigo es el humanismo. El humanismo busca elevar al hombre al nivel de Dios. Es una religión que enseña la máxima perfección del hombre. Este no es un pensamiento nuevo. Los filósofos griegos también buscaban la perfección del hombre. Pero las raíces del humanismo de hoy, se remontan a la Era de la Ilumina-ción, un movimiento cultural de intelectuales en el siglo dieciocho. La Era de la Iluminación, también llamada la Era de la Razón, inició en Europa y se esparció velozmente a las Américas. Su propósito era redefinir la sociedad, promoviendo la razón y la ciencia.

Jean-Jacques Rousseau fue uno de los intelectuales que ayudó a avanzar este movimiento. En su tratado, "Sobre el Contrato Social", Rousseau escribió que "el hombre nace libre, pero en todas partes lo encadenan." Esta cita tiene el fin de apelar a nuestra humanidad. Cuando llevé un curso universitario sobre la historia de la civilización occidental, tenía que memorizar esa cita. Mas la filo-sofía de la tesis de Rousseau era siniestra, y condujo al sangriento evento de la Revolución Francesa. Rousseau y otros como él ale-gaban que el hombre nace bueno, pero luego lo corrompen y res-tringen las prácticas de la sociedad (religión, tradición y gobierno). Esta idea contradice la doctrina bíblica del pecado original.

La teoría de evolución suplanta el relato bíblico de la creación. Como resul-tado, nos enseñan que el hombre proviene de simios, en vez de la perspectiva bíblica, que todos somos creados a imagen de Dios. Dios, según los seguidores de Rousseau, es reemplazado por la razón y la ciencia. Por eso, el hombre debe dese-char las normas de la sociedad y abrazar la idea de un estado utópico. El humanismo se enseña hoy en las escuelas públicas y es la fuerza motriz detrás del intelectualismo de muchos profesores universitarios muy bien conocidos.

Cuando cursaba el cuarto grado, la maestra preguntó a la clase si nacimos buenos o malos. Yo creí que era una pregunta absurda; claro que nací bueno. Seguro que esa sería la respuesta de cual-quier niño. Pero ahora veo la intención de la pregunta. Mi maestra sabía bien lo que quería lograr en nuestras tiernas mentes. Nos estaba animando a pensar de manera opuesta a la posición bíblica. La Biblia declara vez tras vez que nacemos pecadores. La ma-estra estaba sem-brando semillas de humanismo en el suelo fértil de las jóvenes mentes frente a ella.

Nota del Fundador #5, Paso 5:

También debemos saber cómo los humanistas procuran avanzar su agenda. Su método es tomar un poco de verdad, envuelta en una gran mentira, y tratar de que aceptes la idea total. Si no la aceptas, te atacan con la pequeña verdad y te acusan de ser cruel, racista, prejuiciado, homofóbico y otro montón de cosas.

Por ejemplo, escuché a un famoso anfitrión de radio debatiendo con un humanista sobre si se debe permitir orar en las escuelas de nuevo. El argumento del humanista para quitar la oración de la escuela era que se burlan de los niños que no desean orar, y que no es correcto que te ridiculicen. "Todos", dijo, "han sido objeto de burla y es algo terrible cuando eres un niño." Cuando el anfitrión de radio no coincidió, el humanista lo atacó diciendo: "¿Entonces pien-sas que está bien que unos niños se burlen de otros?" Esta es una lógica torcida y se tuerce a propósito. Lo cierto es que los niños que se burlan deben ser reprendi-dos por hacerlo. Se les debe enseñar a respetar las convicciones de otros. Pero la oración no se necesita eliminar. Los adultos que toleran el abuso verbal tal vez deban ser sacados de allí.

Cuando yo jugaba fútbol, los entrenadores me avergonzaban con apodos, y hasta me pateaban por detrás, pensando que eso me haría un mejor jugador. No me gustó, pero aprendí una lección valiosa sobre la perseverancia y cómo vencer la adversidad. Nunca sugerí que quitaran el programa de fútbol de la escuela.

Nota del Fundador #6, Paso 5:

La trinidad impía se compone de la carne, Satanás y el mundo. Están en común acuerdo para destruir la humanidad. Nacemos a la imagen de Dios, lo que nos hace enemigos de la trinidad impía.

En la escuela me disgustaba un niño que me hostigaba. Más adelante me disgustó otro muchacho que ni había conocido. No entendía por qué, hasta que noté cuánto se parecía al chico que me molestaba en la escuela. Somos hechos a imagen de Dios, y cuando esa imagen empieza a brillar, los enemigos de Dios nos odiarán. La flor en la solapa del diablo es cuando engaña a los que son hechos a imagen de Dios, y preciosos ante sus ojos, y los convence de que manejen sus propias vidas.

Nota del Fundador #7, Paso 5:

C. S. Lewis describió el cristianismo como una religión de pelea. La historia real de la Sexta División de la Armada Alemana en Estalingrado, un momento crucial en la II Guerra Mundial, ilustra nuestra batalla contra la trinidad impía. Casi toda la batalla por Estalingrado fue en la ciudad misma. Fue la más brutal y temida, con combates casa por casa y mano a mano. Fue de ataque y con-traataque. Los alemanes atacaban a los soviéticos y capturaban un edificio, solo para perderlo en el contraataque. ¡Esto ocurría varias veces en un solo día! La pérdida de vidas en ambos bandos fue alarmante. Al final los soviéticos la ganaron, lo que dio un giro a toda la guerra.

La guerra espiritual también es así. Inicias el ataque haciendo retroceder a Satanás, al mundo y a uno mismo (la carne). Te contraatacan. Avanzamos, cae-mos o resistimos. Poco a poco recupe-ramos lo que Satanás nos había quitado. La batalla nos fortalece. Nuestra victoria está asegurada.

Nota del Fundador #8, Paso 5:

Deberíamos intentar sembrar una buena semilla cada día, la cual gradualmente vencerá la mala semilla del pasado. Será poco a poco, ganando más terreno, hasta que la mala semilla ya no tenga espacio para crecer.

Nota del Fundador #9, Paso 5:

Cuando salí de prisión, recuerdo haber tratado de pedirle perdón a mi hija mayor, Wendy, por no ser buen padre. Me dijo: "Está bien, papá; la vida son opciones y tú elegiste unas malas." Dios puede tomar lo que quisimos usar para mal y usarlo para Su gloria. Está usando mi testimonio como prueba de que Él puede cambiar vidas y lo hará. Nos ayudará a elegir lo correcto y sucederá lo bueno.

Una joven en nuestra iglesia me pidió ir con ella a la corte para ser su testigo de carácter. Ella había abusado de las drogas, estaba en libertad condicional, era divorciada y perdió la custodia de su hijo. Luego entregó su vida a Cristo y empezó a ir a la iglesia.

El oficial a cargo le concedió visitas por haber dado un giro a su vida. La primera vez que visitó a su hijo fue sola, lo cual fue un error, porque su ex-esposo resintió su nueva vida y condiciones. La acusó falsamente de ser querellosa y abusiva con él, y llamó a la policía. Fue arrestada y llevada a la estación de policía, de donde salió bajo fianza. Cuando supo su fecha de audiencia, me llamó.

Pensaría que nadie le pide a un exconvicto reincidente que sirva de testigo de carácter para ella en la corte, pero ella lo hizo. El día de su audiencia, antes de entrar a la sala de juicio, me expresó sus ideas. Me dijo que por su pasado, tendría que aceptar culpabilidad. Temía tener que ir a prisión por violar la libertad condicional, y per-der su derecho a las visitas que le había costado tanto obtener.

Poco después de entrar a la sala, el juez la llamó. Yo estuve junto a ella mientras el juez se disculpaba con ella. Dijo que el cargo era un rumor y que nunca debió llegar ante él. Dijo que el cargo se hizo por celos y desprecio. Recuerdo como el juez le relató al alguacil como a la joven se le obligó a pagar una fuerte suma como fianza, y quería que se la devolvieran ese mismo día. De nuevo se disculpó, y rechazó los cargos. Saliendo de la corte, me dijo, asom-brada: "Nunca antes me había salido nada bien." ¿Cuál fue la dife-rencia? Ella había entregado su vida al Señor. Cuando eliges servir a Dios, tus opciones mejoran y empiezan a pasar cosas buenas.

Nota del Fundador #10, Paso 5:

Ir tras la carne es codiciar los placeres de este mundo. Este estado perpetuo nunca cesa. Una vez escuché a Joyce Meyers enseñar sobre los deseos de la carne. Dijo que la carne nunca se puede sa-tisfacer. Ella se usó como ejemplo. Luego de estar a dieta por va-rias semanas y perder varias libras, alguien trajo una caja de donas a la oficina. Su carne la tentó, diciendo: "Anda, Joyce, sabes que quieres comerte una. Lo mereces, eres buena. Una sola no te va a matar." Cedió ante la tentación y se la comió. Luego su carne la acusó, diciendo: "¿Por qué lo hiciste? ¡Tienes sobrepeso!" Así funciona la carne. Primero atrae, luego acusa y nunca está satisfecha. Estoy segura que el infierno es un lugar de perpetuo anhelo.

Nota del Fundador #11, Paso 5:

Para vencer la carne se necesita ver todo con los ojos de lo eterno. Los deseos de este mundo son temporales. Al salir de prisión por tercera vez, estuve revisando unas cajas guardadas en la casa de mis padres. Saqué una maleta ejecutiva de una de las cajas. Era de cuero muy fino y había costado 800 dólares cuando yo escribí el cheque falso por ella. Es que deseaba tanto tenerla. Pero por estar la maleta guardada por tanto tiempo, ya no era suave y brillante, sino gris y resquebrajada como si la hubieran mojado y la hubieran dejado secar al sol.

Luego saqué de la caja una grabadora antigua. Era diciembre, 2001. Ya no se usaban ese tipo de grabadoras, pero en aquel entonces, hice lo que fuera por obtenerla. Escribí otro cheque sin fondos. O sea, realmente estaba robando esas cosas. ¿Por qué? Porque mi carne me dijo que yo las merecía. Lo único que realmente merecía era la sentencia de prisión que me dio el juez.

Yo gozo con los comerciales en televisión que dicen que vengan por el crédito que merecen. Y eso es lo que va a recibir: el crédito que merecen. Es claro que yo no necesitaba las cosas que adquirí con cheques sin fondos. Mirando con los ojos de lo eterno, veo que no tenían valor duradero. Pero sí necesitaba una relación con Dios. Es lo único que importa y tiene valor eterno. Dios no nos ofrece lo que merecemos, sino una vida nueva en Cristo.

Nota del Fundador #12, Paso 5:
Corrie ten Boom, sobreviviente del campo de exterminio Ravensbrück y autora de El Lugar Secreto, dijo que debemos sujetar todas las cosas suavemente, porque todo le pertenece a Dios. Él nos las puede reclamar en cualquier momento. Esto hasta incluye a nues-tros hijos.

Paso 6

Cambiar

> Estoy dispuesto a cambiar y a dejar que Dios me cambie.

(Discutan cada versículo bíblico, preguntando: "¿Cómo se aplica este versículo específico al Paso 6?")

Nota: Si te has visto como eres en realidad, habrás visto la necesidad de cambiar. Es muy difícil permitir que cambiemos sin nuestro control o dirección. Pero es exactamente lo que tiene que pasar. Debemos permitir que el Espíritu Santo, quien ahora vive en nosotros, faculte y dirija ese cambio que está ocurriendo dentro de nosotros. No se puede realizar sin entregar nuestra voluntad. Y esto no es un evento de una sola vez. Necesitamos hacerlo a diario y, a veces, cada hora.

Preg.: ¿Por qué es difícil vernos como somos en realidad?

Preg.: ¿Por qué no es posible que nosotros mismos hagamos el cambio necesario?

Preg.: ¿Cómo se relaciona el hacer un inventario diario (Paso 5) con permitir que Dios haga el cambio?

Preg.: ¿Por qué puede ser la entrega personal un proceso de cada hora?

Preg.: ¿Qué tiene que ver la entrega personal con tomar las decisiones correctas?

> *Porque Dios es el que en vosotros produce así el querer como el hacer, por su buena voluntad.* (Filipenses 2:13)

Preg.: ¿Quién hace la obra en nosotros para que seamos cambiados?

Preg.: ¿Por qué es difícil para nosotros aceptar ese cambio?

Preg.: ¿Cómo se relaciona la entrega personal con el cambio?

Preg.: ¿Qué significan para ti el querer y el hacer?

NOTAS

R/: Dios nos cambia la voluntad conforme a lo que Él quiere para nosotros, y empezamos a hacer lo que Dios quiere que hagamos.

Preg.: ¿Qué piensas que sea la buena voluntad de Dios para ti?

Nota: Como cristianos creemos en un Dios trino, la Santísima Trinidad, compuesta de tres personas: Padre, Hijo y Espíritu Santo. Estos tres están de común acuerdo; no se pueden contradecir. Al nacer de nuevo recibimos una nueva naturaleza, que es conforme al Dios trino. La lucha se da entre nuestra nueva naturaleza y la antigua. La lucha misma es una señal de que somos salvos.

> *Así que, arrepentíos y convertíos para que sean borrados vues-tros pecados; para que vengan de la presencia del Señor tiempos de consuelo.* (Hechos 3:19)

Preg.: ¿Qué significa arrepentirse?

Preg.: ¿Qué significa convertirse?

R/: Ser cambiado a otra forma.

Preg.: ¿Cuál es la diferencia entre convertirse y ser salvo?

R/: La salvación inicia el proceso de conversión.

Preg.: ¿Cuáles son los tiempos de consuelo?

Preg.: ¿Dónde se originan los tiempos de consuelo?

> *Esparciré sobre vosotros agua limpia y seréis purificados de todas vuestras impurezas, y de todos vuestros ídolos os limpiaré. Os daré un corazón nuevo y pondré un espíritu nuevo dentro de voso-tros. Quitaré de vosotros el corazón de piedra y os daré un corazón de carne. Pondré dentro de vosotros mi espíritu, y haré que andéis en mis estatutos y que guardéis mis preceptos y los pongáis por obra. Habitaréis en la tierra que di a vuestros padres, y vosotros seréis mi pueblo y yo seré vuestro Dios.* (Ezequiel 36:25-28)

Nota: Este es el proceso de conversión. ¡Qué tremenda promesa de Dios! Esto debe emocionarnos aún más para querer cambiar.

La obra de Dios es perfecta; dejémoslo hacerla. Lo que tarde el proceso de cambio depende hasta qué nivel nos entreguemos.

Preg.: ¿Qué son ídolos?

R/: Algo o alguien que toma la prioridad sobre Dios.

Preg.: ¿Puedes nombrar algunos ídolos de los adictos?

Nota: Como adictos, nos volvemos indiferentes de las necesidades de otros. También, insensibles al dolor que provocamos a otros. Dios promete cambiarnos el corazón. Podemos volver a amar a la gente. ¿Quieres experimentar ese amor por otros de nuevo?

> *De cierto os digo que si no os volvéis y os hacéis como niñitos, no entraréis en el reino de los cielos.* (Mateo 18:3)

Preg.: ¿Por qué usa el pasaje la comparación con niñitos?

R/: Los niños pequeños dependen mucho de sus padres.

Nota: Este es otro versículo que se confunde. No se refiere a la inocencia. Un niño nace con la naturaleza pecadora. Un niño no necesita que se le enseñe a mentir, sino a decir la verdad. Se pue-de ver la naturaleza pecadora del niño cuando pones a varios en una sala con un solo juguete. ¿Has notado que una de las primeras palabras que el niño aprende a decir es "mío"?

En vez de inocencia, el versículo es sobre dependencia. Los ni-ñitos dependen de sus padres para todo. Confían en sus padres para proveerles. Así quiere Dios que dependamos solo de Él. Desea que confiemos en su provisión. Cuanto mayor sea nuestra dependencia de Dios, tanto mayor será nuestra entrega a Dios.

> *¡Volveos a mi reprensión!; ciertamente derramaré mi espíritu sobre vosotros y os haré saber mis palabras.* (Proverbios 1:23)

Preg.: ¿Cómo definirías la reprensión?

Preg.: ¿Es la reprensión algo bueno o malo? (Comenten)

Preg.: ¿Cómo es que Dios nos hace saber sus palabras?

> *Deje el impío su camino y el hombre inicuo sus pensamientos, y vuélvase a Jehová, el cual tendrá de él misericordia, al Dios nuestro, el cual será amplio en perdonar.* (Isaías 55:7)

Nota: La alianza tiene dos partes. Nosotros elegimos volvernos de la impiedad hacia Dios. Dios (por misericordia) nos perdonará (no porque lo merezcamos, sino porque es su naturaleza perdonar), y tendremos amplio perdón. Es una promesa de Dios. Es seguro que Dios hará su parte. Si carecemos del perdón de Dios, es por-que optamos por no hacer nuestra parte. La vida son opciones.

> *Examíname, Dios, y conoce mi corazón; pruébame y conoce mis pensamientos. Ve si hay en mí camino de perversidad y guíame en el camino eterno.* (Salmo 139:23-24)

Preg.: ¿A quién le pide el salmista que lo examine? Es una petición muy valiente.

Preg.: ¿Puede el pecado esconderse del pecador?

Preg.: ¿De quién es el camino eterno?

Nota: *Pruébame* no significa *tiéntame*, sino revísame; busca mis defectos, algo dentro de mí que Dios no quiera. Los caminos de Dios son perfectos; son de perfección infinita. Nunca serán reemplazados, ni pueden ser mejorados.

> *Muéstrame, Jehová, tus caminos; enséñame tus sendas. Encamíname en tu verdad y enséñame, porque tú eres el Dios de mi salvación; en ti he esperado todo el día. Acuérdate, Jehová, de tus piedades y de tus misericordias, que son perpetuas. De los pecados de mi juven-tud y de mis rebeliones no te acuerdes. Conforme a tu misericordia acuérdate, Jehová, de mí, por tu bondad. Bueno y recto es Jehová; por tanto, él enseñará a los pecadores el camino.* (Salmo 25:4-8)

Preg.: ¿Quién dice la Biblia que nos guía a la verdad?

Preg.: ¿A la bondad de quién apela acá el salmista?

Preg.: ¿Quién es que enseña?

> *La ley de Jehová es perfecta: convierte el alma; el testimonio de Jehová es fiel: hace sabio al sencillo.* (Salmo 19:7)

Nota: Cuando la Palabra de Dios es nuestra norma y medimos to-do contra esa luz antes de decidir, entonces nuestros juicios serán correctos. No requerimos un título universitario para tomar buenas decisiones o hacer lo correcto. Hay gran sabiduría en la Biblia, y al acceder a ella, seremos realmente sabios.

> *Si no se arrepiente, él afilará su espada; armado tiene ya su arco y lo ha preparado.* (Salmo 7:12)

Nota: Esta es una advertencia a los que no se vuelven de sus pe-cados y siguen en la senda de iniquidad. Dios es quien afila su es-pada y arma su arco para lanzar las flechas. Los impíos son su blanco. Dios no falla.

> *¿Acaso quiero yo la muerte del impío? dice Jehová, el Señor. ¿No vivirá, si se aparta de sus malos caminos?* (Ezequiel 18:23)

Preg.: ¿Se complace Jehová en castigarnos?

Preg.: ¿Quién es el que elige acá?

Preg.: ¿Cuáles dos opciones presenta el pasaje?

Preg.: ¿Cuál elegiste tú?

> *Estad, pues, firmes en la libertad con que Cristo nos hizo libres y no estéis otra vez sujetos al yugo de esclavitud.* (Gálatas 5:1)

Preg.: ¿Qué significa estar firmes?

Preg.: ¿De qué formas puede un cristiano enredarse de nuevo en el yugo de esclavitud, aunque Cristo haya muerto para librarlo?

R/: El pecado y el legalismo. (Comenten)

> *Estando persuadido de esto, que el que comenzó en vosotros la buena obra la perfeccionará hasta el día de Jesucristo.* (Filipenses 1:6)

Preg.: ¿Quién efectúa el cambio dentro de ti?

Preg.: ¿Completará Él el cambio?

Preg.: ¿Durante cuánto tiempo efectuará Él el cambio?

Preg.: ¿Qué otra palabra podemos usar aparte de *persuadido*?

NOTAS

Para un pequeño cambio de ritmo:

Nota: El versículo de abajo es para un estudio bíblico que tardará hasta dos reuniones completas. Diviértete; te emocionará descubrir lo que aprenderás de él.

Muchas veces leemos un versículo y pensamos que lo entendimos. Seguimos adelante sin meditar mucho sobre él. Pero en realidad no comprendimos el versículo. Solo pensamos que sí. Usemos Efesios 5:21 como ejemplo y veamos qué destilamos de un cuidadoso estudio de la Palabra de Dios. Este es un mandato de Dios. Como tal, necesito una comprensión total de lo que Dios me está diciendo que haga. Mi nueva naturaleza es agradar a Dios. Quiero hacer lo que Dios me pida. Por eso debo comprender a cabalidad lo que me está pidiendo en este versículo.

La meta de este estudio es reducir las palabras griegas para *someter* y *temor*, a sus mínimos denominadores comunes. Cuando haces esto con la palabra *someter*, hallarás todos los atributos que un cristiano debe poseer. También verás que el temer a Dios es más que una simple admiración reverente. Necesitarás una pizarra blanca, una concordancia y un buen diccionario. Debes promover la participación y discusión grupal.

Someteos unos a otros en el temor de Dios. (Efesios 5:21)

Preg.: ¿De cuáles dos palabras quizá no sepamos el significado?

Preg.: Definan la palabra someter, dividiéndola, en cada uno de sus derivados, hasta su forma comprensible más simple. (Usen el formulario en la próxima página)

Preg.: Definan la palabra temor, hallando su derivado comprensible más simple. (Usen el formulario en la próxima página)

Preg.: ¿Qué aprendiste en tu estudio de Efesios 5:21?

SOMETERSE	TEMOR	NOTAS

Notas del Fundador con Ilustraciones para el Paso 6

Paso 6 - <u>Cambiar</u>: Estoy dispuesto a cambiar y a permitir que Dios me cambie.

Nota del Fundador #1, Paso 6:

Dios no desea cambiar a quien no quiere que lo cambien. Pero el grado hasta el cual estoy dispuesto a cambiar tiene relación directa con el crecimiento cristiano. El primer ejemplo que doy es del alfa-rero y el barro. El alfarero da forma al barro en su rueda. Usa la fuerza centrífuga del giro para producir la fricción requerida para formar el barro, dándole presión con sus dedos, hasta tener el producto final. Un buen alfarero es diestro.

¿Qué pasaría si el barro pudiera pensar? ¿Y si rehusa someter-se a la presión que le aplica el alfarero? ¿Qué pasaría si el barro decidiera hacer su propia cosa? El resultado sería desastroso. Al final, el alfarero tendría que hacer una pelota de barro otra vez; el barro estaría inservible. Esta alegoría resume la vida de un adicto. Es una vida de abierta desobediencia y rebeldía hacia Dios.

El segundo ejemplo es del autor Phillip Yancey, quien al convertirse al cristianismo, esperaba que Dios hiciera grandes cosas por medio de él. Esperaba que Dios lo hiciera un santo como San Fran-cisco de Asís. Treinta años después, aún es Phillip Yancey, pero ahora depende más de Dios. Él atribuyó su crecimiento cristiano a la dependencia de Dios. Para él y para mí, están muy relacionados.

Nota del Fundador #2, Paso 6:

Nuestro problema, al empezar a madurar en nuestra comprensión de la Palabra de Dios, es lograr aplicarlo a nosotros mismos. Que-remos que los demás cam-bien, sin estar dispuestos a cambiar no-sotros. Iniciando como cristiano, aprendí que era más fácil ver las faltas de otros que ver las mías. En los cultos de iglesia en la cárcel notaba a los que se tomaban de la mano, como si estuvieran en una cita y no en la iglesia. Otros actuaban como santos en el culto, pero yo sabía que fuera de ahí, de santos no tenían nada.

Esto empezó a molestarme, pues notaba la hipocresía por todas partes. Sentí que la iglesia no era para mi. Luego pensé en sentar-me adelante para no distraerme. Decidí enfocarme en Cristo, pues él no me fallaría. Comencé a ver que la iglesia era para pecadores y yo era tan pecador como cualquiera. La iglesia no es un lugar perfecto; se vuelve menos perfecto cuando yo entro. No permitas que los actos de otros te impidan asistir. Todos debemos escuchar y leer la Palabra de Dios, porque eso nos transforma. En seis años que fui un cristiano en prisión, leí mi Biblia por miles de horas. La Palabra de Dios nos limpia y transforma a la imagen de su Hijo.

Nota del Fundador #3, Paso 6:

Siempre es bueno incluir algo de humor al enseñar. Funciona hacer broma de uno mismo. Por ejemplo, al comentar la dificultad de vernos como realmente somos, menciono que por cuarenta años miré al espejo y vi a Brad Pitt. Cuando al fin me vi como soy, me dolió. La verdad duele; por eso evadimos la realidad y acudimos a nues-tro mundo imaginario. Le pregunté a Dios: "¿Y esta cara? ¿Por qué a mi?" Ahora sí estoy feliz con la cara que Dios me dio.

Nota del Fundador #4, Paso 6:

Recordemos que Dios cambia a la gente según su plan y propósito para cada cual. Los que somos salvos a menudo olvidamos cuánto nos tomó cambiar, esperando demasiado de los demás. Además queremos conformar a los nuevos a nosotros, en vez de dejar que el Espíritu Santo los moldee a la imagen de Cristo. Hay quienes tienen metas demasiado altas para sí mismos. Cuando no las alcanzan, el diablo los insta a sentirse fracasados y pierden el gozo.

Martín Lutero y Juan Wesley ambos escribieron sobre metas tan altas que al fracasar odiaron a Dios. Lograron ser libres cuando en-tendieron que no es lo que hagamos por Dios, sino lo que Dios hizo por nosotros. Creo que si el Espíritu Santo de Dios vive en ti, él te va a cambiar. Puedes resistir el cambio o aceptarlo, pero es seguro que cambiarás. Un manzano glorifica a Dios cuando produce manzanas, según fue creado. No se para en la finca quejándose: "Voy a producir cien manzanas hoy." Simplemente da fruto porque es su naturaleza hacerlo. Un cristiano también produce fruto, el fruto del Espíritu. Es un resultado natural de lo que somos. El cambio ocurre y, en muchos casos, otros verán el cambio antes que nosotros.

Nota del Fundador #5, Paso 6:

En Hechos 4:13 leemos: *Entonces viendo la valentía de Pedro y de Juan, y sabiendo que eran hombres sin letras y del vulgo, se admiraban; y les reconocían que habían estado con Jesús.* Estos saduceos, sacerdotes y escribas recibieron educación toda la vida, asistieron a la universidad, tuvieron a los mejores profesores. Co-nocían a la gente correcta, asistían a las fiestas de opulencia, pero vieron a dos pescadores sencillos de Galilea y se admiraron. ¿Por qué? Habían estado con Jesús. Pedro y Juan habían sido cambiados y ese cambio era obvio, incluso a los que no eran de la fe. Eran hombres transformados porque habían estado con Jesucristo. Él les enseñó, los discipuló y fijó la norma personal como modelo para sus vidas. Si tú has estado con Jesús, entonces has sido cambiado también. Y si no has sido transformado, entonces no has estado con Jesús.

Nota del Fundador #6, Paso 6:

Hechos 4:14 dice: *Y viendo al hombre que había sido sanado* [el mendigo que había sido paralítico]*, que estaba en pie con ellos* [Pedro y Juan]*, no podían* [los líderes religiosos] *decir nada en contra.* Los líderes de la sinagoga estaban airados; pensaron que ha-bían escuchado el nombre de Jesús por última vez, pero allí estaba. Querían negar que Jesús sanaba, que salvaba, que podía cambiar a alguien por siempre y restaurarlo, no solo física, sino espiritualmente también.

Como adictos, hemos mentido tanto y tan bien que nadie sabe quien nos creerá cuando digamos que nacimos de nuevo y hemos cambiado. Los inconversos no entenderán el poder transformador del Espíritu Santo. Los creyentes solo observarán y esperarán. ¿Los culparías? Me han pedido aconsejar a quienes tienen seres queridos saliendo de la prisión o de rehabilitación. Quieren saber cómo actuar, qué creer. Los adictos son muy buenos usando la cul-pa cuando los que aman dudan de lo que el adicto está haciendo. Mi consejo a la familia es creer lo que ven y no lo que oyen.

Los líderes religiosos no podían negar el cambio en el cojo sano frente a ellos. Eso es lo que deben hacer los adictos para recobrar la confianza. Deben enfrentar a todos y vivir la vida centrada en Cristo ante los ojos escépticos. ¿Cuántas veces he oído usar el tér-mino *cristiano, pero exconvicto*? No hay tal cosa. Solo hay creyen-tes e inconversos, los transformados y los no transformados.

Luego de salir de prisión, yo oré: "Señor, si me devuelves a mi familia, te alabaré; pero si no lo haces, siempre te alabaré. Esa es mi vida ahora: alabarte." Encarna el cambio que Dios hizo en ti. Enfócate en Jesús y verás que hasta el más escéptico tendrá que admitir que has cambiado y mejorado. Cuando lo haga, asegúrate de hablarle de Aquel que produjo el cambio.

Nota del Fundador #7, Paso 6:

El Salmo 37 nos dice que Dios nos da el deseo de nuestro corazón. No significa que es un genio y que solo frotas la lámpara para reci-bir tres deseos. Te garantizo que no pediríamos lo correcto. Dios transforma lo que queremos en lo que Él quiere. El resultado es que oramos por lo que Él quiere, porque Él forma en nosotros un fuerte deseo por ello. Luego Él nos concede aquello por lo que oramos. Esto causa el efecto deseado, que desarrollemos una actitud de gratitud hacia Dios. Deseamos las cosas que Él quiere que ten-gamos; pedimos tales cosas, Dios contesta nuestra oración y se lo agradecemos.

Nota del Fundador #8, Paso 6:

En cuanto a los tiempos de consuelo, yo uso un ejemplo de mis días en la fuerza naval. Durante mi entrenamiento, en una base en Chicago, algo que aprendí fue que sí es posible que un barco de acero alce llamas y, que una vez que el acero empieza a arder, es muy difícil apagar ese fuego. Para simular un incendio en las secciones más bajas de la nave, se incendiaba un cuartito de cemento con aceite combustible. Luego, formamos un equipo con mangue-ras para ir a apagarlo. Recuerdo lo negro que era todo y cómo el humo me llenaba y quemaba los pul-mones. Tiramos de unas pa-lancas y el humo retrocedió ante el torrente de agua de nuestras mangueras. Se refrescó el aire y ya no me ardían los pulmones. El rocío del agua me golpeó en la cara y me alivió.

Así es cuando andas perdido por el mundo. El aire se siente tó-xico y cuesta respirar. El mundo quiere sofocarnos. Cosas moribun-das nos rodean, pero la morada del Espíritu Santo cambia todo eso. El mundo ya no me amenaza. Si

Dios está conmigo, ¿quién contra mi? Ya no me estoy ahogando; he sido rescatado y colocado sobre un monte donde el aire es fresco y limpio. Son tiempos de re-frigerio, nacidos de nuevo para hacer la voluntad de Dios.

Nota del Fundador #9, Paso 6:

En su libro En el Altar de Idolatría Sexual, Steve Gallagher escribe: "En lo profundo del corazón del hombre hay un altar espiritual. Ca-da persona tiene la capacidad, no; la necesidad, de adorar. Los objetos de esa adoración son las cosas o personas de preeminencia en la vida de esa persona. Sean lo que sean, proyectan una sombra en todo aspecto de su vida." Gallagher añade que esta es la posición en el corazón de la persona que Dios exige ocupar. Pero como hombres caídos adoramos cualquier cosa menos al legítimo ocupante: Dios.

En Génesis se nos dice que el hombre fue creado como mayordomo de la Tierra. Dios es nuestro jefe y no debemos inclinarnos ante nada de lo creado; solo ante Dios. Inclinarse ante algo es ce-derle el control de tu vida; tú pierdes el control. Un ídolo nos maneja, decide dónde vamos, qué hacemos, con quién, qué pensamos. Si Dios tiene el control, nos verás en la iglesia o andando con los hijos de Dios, o en la casa leyendo Su Palabra. Si las drogas nos manejan, nos hallarás en un barrio lleno de droga, con los adictos, compitiendo por cualquier producto que podamos usar.

Nota del Fundador #10, Paso 6:

Creo que se ha demostrado que el conocimiento se puede transmitir genéticamente. No hablo de teorías científicas o fórmulas de álgebra, sino que los niños de hoy son más inteligentes que los na-cidos hace cientos de años. No sé si será verdad, pero creo que tiene sentido. Dentro de todos hay dos pensamientos opuestos. Uno es que todos tenemos este sentido de invencibles. Una parte de nosotros se cree indestructible. Sería difícil hallar jóvenes para la guerra si supieran con certeza que morirían. Hay algo interno que siempre cree que eso le sucederá a otro y no a mi. ¿Será un residuo genético desde los días cuando caminamos con Dios en el jardín, antes que el pecado y la muerte entraran al mundo?

La segunda idea es que tenemos un impulso interno para des-truirnos. Los adictos te dirán que lo que hacen los matará, pero no les importa. Un alcohólico te dirá que el alcohol lo está matando, pero luego se va a tomar más. Sabemos que el humo del cigarrillo es letal, pero muchos se fuman varios paquetes al día. ¿Qué lleva a la gente a suicidarse a través de sus adicciones? ¿Será un residuo genético del pecado original de Adán? El pecado busca des-truirnos. Dios desea darnos vida por toda la eternidad.

Nota del Fundador #11, Paso 6:

Un orgulloso no quiere oír una represión. O piensa que siempre tiene razón, o sabe que está errado pero no quiere cambiar. Una vez oí a alguien decir: "Nunca des consejos. El sabio no los necesita y el necio no los recibirá." Yo diría que son dos extremos de un espectro; hay mucha gente en el medio que sí acepta un buen consejo. Lo que le impide a muchos recibir un consejo es el orgullo. En la Biblia muchas veces Dios llama a éstos, duros de cerviz. Esto es una alegoría de alguien tratando de hacer virar al caballo usando las riendas. Cuando yo era joven, teníamos ponis. Sé que tienen cuellos muy fuertes y musculosos. No lograrás virar a un caballo si no quiere. El pueblo de Dios es así.

Nota del Fundador #12, Paso 6:

El pecado se puede ocultar del pecador. Con nuestro orgullo y egocentrismo vemos el pecado de otros y los juzgamos, mientras ignoramos el pecado nuestro. Pienso que el Señor sabía esto cuando nos mandó a amar a nuestro prójimo como a nosotros mismos. Po-demos perdonarnos de casi todo, pero si los vecinos se nos pasan de la raya solo un poquito, ¡le ponemos doble cerrojo a la puerta! El pecado es engañoso y puede hacernos sentir que nosotros tene-mos el control, cuando en realidad nos está marcando todas las pautas. No existen los pecados pequeños, al igual que no existen las células cancerosas pequeñas.

Paso 7

Pedir

> Humildemente le pido a Dios que me perdone y me cambie por el poder de su Espíritu Santo.

(Discutan cada versículo bíblico, preguntando: "¿Cómo se aplica este versículo específico al Paso 7?")

Nota: Dios quiere perdonarnos y transformarnos a la imagen de Su Hijo. Cuán rápida o lentamente ocurra esa transformación, depende mucho de nuestra humildad. Tenemos que caminar en el perdón de Dios, sabiendo que hay gente que nunca nos perdonará por lo que hemos hecho. Pero si el Dios de toda creación nos perdona, podremos entrar en la eternidad con ese perdón asegurado.

Según el Paso 7:

Preg.: ¿Qué significa ser humilde?

Preg.: ¿Quién hace el cambio?

Preg.: ¿Quién debe recibir el crédito por el cambio?

Preg.: ¿Cómo nos ayuda a mantenernos humildes, si le damos el crédito a Dios?

Preg.: ¿Cómo nos ayuda a adquirir una actitud de gratitud hacia Dios, si le damos a Él el crédito?

Preg.: ¿Quién es el que perdona?

Preg.: ¿Merecemos ser perdonados?

> *Si decimos que no tenemos pecado, nos engañamos a nosotros mismos y la verdad no está en nosotros. Si confesamos nuestros pecados, él es fiel y justo para perdonar nuestros pecados y limpiarnos de toda maldad. Si decimos que no hemos pecado, lo hacemos a él mentiroso y su palabra no está en nosotros.* (1 Juan 1:8-10)

Preg.: ¿Es posible perdonarnos a nosotros mismos? Si es posible, dé algunos ejemplos.

Preg.: ¿Qué significa confesar?

R/: Poner nuestras mentes de acuerdo con la mente de Dios.

Preg.: ¿Quién es fiel y justo?

Preg.: ¿Quién hace la limpieza?

Preg.: ¿Si decimos que no hemos pecado, será una señal de orgullo espiritual o religioso?

Preg.: ¿Te ves a ti mismo como un pecador o no pecador?

Nota: Difícil es cambiar al que no cree que lo necesita. El mundo dice que hay mucha gente buena. Muchos de estos piensan que son lo bastante buenos para ir al cielo. Dios nos dijo en Isaías 55 que sus caminos no son los nuestros. ¿Qué dice la Biblia de quie-nes pretenden llegar al cielo por méritos propios? Confesar es ali-near tu mente con la mente de Dios. Dios no cambia; tú necesitas cambiar, renovando tu mente.

Porque yo reconozco mis rebeliones, y mi pecado está siempre del-ante de mí. (Salmo 51:3)

Preg.: ¿Quién escribió este salmo?

Preg.: ¿Qué son rebeliones?

Preg.: ¿Cuáles terribles transgresiones está confesando David?

Preg.: ¿Contra quién se ha rebelado David?

Preg.: ¿Qué piensas que quiso decir David cuando escribió, *mi pecado está siempre delante de mi*?

Nota: Recordemos cómo estábamos cuando Dios nos salvó. Es bueno tener presente nuestros pecados siempre, para no caer en el orgullo religioso. Pero necesitamos recordar que nuestros pecados fueron lavados por la sangre de Cristo. Sabiendo cuán grandes eran nuestros pecados, apreciamos la magnitud de la gracia y mi-sericordia de Dios para perdonarnos. Esta conciencia debería humillarnos y darnos una actitud de gratitud.

Es verdad que ninguna disciplina [durante el proceso de

transformación] *al presente parece ser causa de gozo, sino de tristeza; pero después da fruto apacible de justicia a los que por medio de ella han sido ejercitados.* (Hebreos 12:11)

Preg.: David fue castigado severamente por sus transgresiones, pero tuvo gratitud a Dios aun con el castigo. ¿Por qué? (Comenta)

Pero él da mayor gracia. Por esto dice: «Dios resiste a los soberbios y da gracia a los humildes.» (Santiago 4:6)

Preg.: ¿A quién se opone Dios directamente?

Preg.: ¿Quién es receptor de la gracia de Dios?

Preg.: ¿Puedes ver cómo tu orgullo pasado te impidió admitir tu necesidad de Dios?

Repaso:

Preg.: ¿Cuáles son las dos raíces de cualquier adicción?

Preg.: ¿Al hacer mi inventario personal, qué debo buscar?

Preg.: ¿Cada cuánto necesitamos hacer estos inventarios?

Preg.: ¿Cómo ayudan estos inventarios a desarrollar un espíritu de humildad dentro de nosotros?

Antes del quebranto está la soberbia, y antes de la caída, la altivez de espíritu. Mejor es humillar el espíritu con los humildes que repartir el botín con los soberbios. (Proverbios 16:18-19)

Preg.: ¿Puedes ver cómo el orgullo te llevó a donde estás hoy? (Comenta)

Preg.: ¿Qué significa *altivez*?

R/: Desdeñosamente orgulloso; arrogante.

Preg.: ¿Cómo definirías *botín*?

R/: Saqueo, pillaje, presa.

Preg.: Aquí se ofrece una alternativa, lo cual significa que debemos escoger una opción. ¿Cuál alternativa se ofrece? ¿Qué opción debemos escoger? (Comenten)

NOTAS

Nota: El término quebranto acá no es solo el propio, sino a la des-trucción de los que han sido dañados por nuestra condición de or-gullo (muchas familias nuestras han sido destruidas). La adicción crea una atmósfera de destrucción. ¿Puedes aplicar lo que ha pa-sado en tu vida al versículo de arriba?

> *Porque por gracia sois salvos por medio de la fe; y esto no de vosotros, pues es don de Dios. No por obras, para que nadie se gloríe* (Efesios 2:8-9).

Preg.: ¿Qué significan las obras?

R/: Hacer cosas intentando ganarnos nuestro derecho al cielo.

Preg.: ¿Cuál es la diferencia entre las *obras* acá y las *obras* en Santiago 2:17-18? Busque estos versículos y comente.

Nota: Efesios 2:8-9 es muy importante en la Biblia. Necesitamos entender el significado de estos versículos por completo y sin con-diciones si hemos de eliminar el orgullo, una raíz principal de nuestra adicción. Dios nos creó con la habilidad de creer. También nos proveyó a la persona en la que debemos creer. Nos suple la gracia necesaria para salvarnos. Nada de esto tiene que ver con nuestras habilidades, ni con nada que nos hayamos ganado. Dios no nos debe nada; nosotros le debemos a Él.

Preg.: ¿De qué formas podríamos tratar de atribuirnos nuestra propia salvación?

Preg.: ¿Tiene valor alguna de esas formas delante del Dios santo?

> *Es, pues, la fe la certeza de lo que se espera, la convicción de lo que no se ve.* (Hebreos 11:1)

Preg.: ¿Qué es la fe?

R/: La creencia o convicción de que algo es veraz.

Preg.: ¿Qué significa certeza?

R/: Una seguridad plena.

> *Y éste es el testimonio: que Dios nos ha dado vida eterna y esta vida está en su Hijo.* (1 Juan 5:11)

Preg.: ¿Qué piensas que significa *el testimonio* acá?

R/: Un hecho histórico, verdadero, que no se puede refutar.

En ningún otro hay salvación; no hay otro nombre bajo el cielo, dado a los hombres, en que podamos ser salvos. (Hechos 4:12)

Nota: Este versículo es de la Palabra de Dios, que es verdadera. Hemos vivido sin reconocer a Dios en nada. Hemos pecado abiertamente contra Él, rehusando a Dios como Señor de nuestras vidas. ¿Y reclamamos que solo haya un nombre por el cual podamos ser salvos? ¿Por qué buscamos otro camino, aparte del que Dios nos proveyó? La verdad, no merecemos ser salvos (Comenten)

Él nos salvó y llamó con llamamiento santo, no conforme a nuestras obras, sino según el propósito suyo y la gracia que nos fue dada en Cristo Jesús antes de los tiempos de los siglos, pero que ahora ha sido manifestada por la aparición de nuestro Salva-dor Jesucristo, el cual quitó la muerte y sacó a luz la vida y la inmortalidad por el evangelio. (2 Timoteo 1:9-10)

Preg.: ¿Quién nos salvó?

Preg.: ¿Quién nos llamó?

Preg.: ¿Para qué nos llamó?

Preg.: ¿Cuál piensas que es este llamado santo?

Preg.: ¿A cuál propósito somos llamados?

Preg.: ¿Nos hemos ganado este llamado?

Preg.: ¿Qué significa *antes de los tiempos de los siglos* para ti?

Preg.: ¿Cómo definirías que *ha sido manifestada*?

Repaso:
Define el evangelio.

Preg.: ¿Cuál es el regalo del evangelio?

Si se humilla mi pueblo, sobre el cual mi nombre es invocado, y oran, y buscan mi rostro, y se convierten de sus malos caminos; entonces yo oiré desde los cielos, perdonaré sus pecados y sanaré su tierra. (2 Crónicas 7:14)

Preg.: ¿A quién está hablando Dios acá?

Preg.: Si el pueblo de Dios ya fuera humilde, ¿sería necesario decirles que se humillen?

Preg.: A la luz de esto, ¿crees que Dios escucha a un orgulloso?

Preg.: ¿Cómo puede el orgullo impedir nuestra oración?

Preg.: ¿Cómo se aplica este versículo al Paso 7?

> *Hombre, él te ha declarado lo que es bueno, lo que pide Jehová de ti: solamente hacer justicia, amar misericordia y humillarte ante tu Dios.* (Miqueas 6:8)

Preg.: ¿Qué significa *lo que pide* en el versículo anterior?

R/: Es un requerimiento, una obligación.

Preg.: ¿Cuáles son la tres cosas que Dios requiere de nosotros?

Preg.: ¿Podemos cumplir esto sin conocer a Cristo como Salvador?

Preg.: ¿Necesitamos aplicar este versículo a nuestra vida diaria para ser libre de nuestras adicciones?

> *Porque así dijo el Alto y Sublime, el que habita la eternidad y cuyo nombre es el Santo: «Yo habito en la altura y la santidad, pero habito también con el quebrantado y humilde de espíritu, para reavivar el espíritu de los humildes y para vivificar el corazón de los quebrantados.* (Isaías 57:15)

Nota: En este versículo maravilloso, Dios se describe como solo Él puede. También vemos un destello del cielo y los que allí habitan.

Preg.: ¿Quién está en la morada del Señor?

Preg.: ¿Qué significa *contrito*?

R/: Que muestra un sincero pesar por haber hecho lo malo.

Preg.: ¿Qué piensas que significa ser vivificado? (Comenta)

Preg.: ¿Habrá alguien orgulloso en el cielo?

Preg.: Si quiero habitar con Dios en su lugar Alto y Sublime, por la eternidad, ¿Cómo debe estar mi corazón y mi espíritu?

Notas del Fundador con Ilustraciones para el Paso 7

> **Paso 7 - Pedir:** Humildemente le pido a Dios que me perdone y me cambie por el poder de su Espíritu Santo.

Nota del Fundador #1, Paso 7:

Santiago 4:6 declara: *Pero él da mayor gracia. Por esto dice: «Dios resiste a los soberbios y da gracia a los humildes.»* Según este ver-sículo, si yo quiero que Dios me escuche y realmente deseo que me cambie, debo tener una actitud de humildad en todo.

Nota del Fundador #2, Paso 7:

La forma de acercarnos a Dios importa. Hoy los cristianos abusan de la relación *abba/papito*. Esa familiaridad excesiva hacia Dios es otra manifestación de orgullo. Como aprendimos en nuestro estudio de la palabra *temor* en el Paso 5, hemos de acercarnos a Dios con respeto y reverencia. Esto es parte del temor de Dios. A mi papá yo le decía "papito" pero también "señor". Yo amaba a mi padre pero también le temía.

Nota del Fundador #3, Paso 7:

En la Biblia, los profetas eran embajadores de Dios. Cuando ejercían su oficio eran voceros de Dios, como si Dios mismo estuviera hablando. La forma de tratarlos reflejaba el trato hacia Dios. Perse-guir al profeta era perseguir a Dios. He aquí dos ejemplos bíblicos para señalar la forma inapropiada de acercarse a Dios:

> *Enseguida envió tras él a un capitán de cincuenta con sus cincuenta hombres. Cuando él subió adonde estaba Elías, éste se encontraba sentado en la cumbre del monte. Y el capitán le dijo: Hombre de Dios, el rey ha dicho que desciendas. Elías respondió al capitán de cincuenta: Si yo soy hombre de Dios, que descienda fuego del cielo y te consuma con tus cincuenta hombres. Y descen-dió fuego del cielo que lo consumió a él y a sus cincuenta hombres. Volvió el rey a env-iar tras él otro capitán de cincuenta con sus cincuenta hombres, el cual le dijo: Hombre de Dios, el rey ha dicho así: "Desciende pronto." Elías le respondió: Si yo soy hombre de Dios, que descienda fuego del cielo y te consuma con tus cincuenta hombres. Y descendió fuego del cielo que lo consumió a él y a sus cincuenta hombres. Volvió a enviar al tercer capitán de cincuenta con sus cincuenta hombres. Subió aquel tercer capitán de cincuenta, se puso de rodillas delante de Elías y le rogó: Hombre de Dios, te ruego que mi vida y la vida de estos tus cincuenta siervos alcancen algún valor a tus ojos. Ya ha descendido fuego del cielo y ha consumido a los dos primeros capitanes de cin-cuenta con sus cincuenta hombres; ¡que ahora tenga algún valor mi vida a tus ojos! Entonces el ángel de Jehová dijo a Elías: «Desciende*

con él; no le tengas miedo.» Elías se levantó, descendió con él ante el rey. (2 Reyes 1:9-15)

Nótese cómo el tercer capitán abordó a Elías. Aquí está el segundo ejemplo bíblico:

Después Eliseo salió de allí hacia Bet-el. Subía por el camino, cuando unos muchachos salieron de la ciudad y se burlaban de él, diciendo: «¡Sube, calvo! ¡Sube, calvo!» Miró él hacia atrás, los vio y los maldijo en nombre de Jehová. Salieron dos osos del monte y despedazaron a cuarenta y dos de esos muchachos. (2 Reyes 2:23-24)

Gálatas 6:7 nos dice: *No os engañéis; Dios no puede ser burlado, pues todo lo que el hombre siembre, eso también segará.* Debemos recordar quién es Dios y acercarnos a Él con humildad.

Nota del Fundador #4, Paso 7:
En sus *Crónicas de Narnia*, C. S. Lewis escribe sobre unos niños que van a conocer a un león llamado Aslan. Al enterarse que era un león, preguntaron si era seguro. La respuesta fue: "Claro que no es seguro. Pero es bueno." Esto también es cierto del León de Judá. Debemos acercarnos a Él con esto en mente.

Nota del Fundador #5, Paso 7:
En muchos lugares en la Biblia, Dios nos dice que nos humillemos. Es menos doloroso humillarnos, en vez de que Dios nos humille. En una ocasión en Alabama conocí a alguien cuyo amigo dirigía una estación de radio. Mi amigo Jack me preguntó si yo grabaría mi testimonio para transmitir por radio. La grabación salió tan bien que me preguntaron si iba a dar algún discurso esa noche. Les conté que iba a compartir mi testimonio en una campaña juvenil en la iglesia de Jack. El director me pidió si él y su esposa podrían asistir, y el espejismo de grandeza me invadió. Me imaginé que sería el siguiente gran orador cristiano. Cuando llegó la hora de la sesión de la noche, yo estaba mirando por la ventana, esperando al gran productor de radio y su esposa.

Justo antes de iniciar, entraron y se sentaron. Le presté poca atención a los grupos de alabanza y adoración. Solo pensaba en mi gran oportunidad. Pronto sería famoso y mi ministerio crecería a pasos agigantados. Ya no esperaría el pago al final del mes, por-que los cheques me llegarían a raudales, imaginaba yo.

Jack me presentó a la gente de la campaña. Cuando empecé a hablar, miré al ejecutivo radial y su esposa. Pensaba: "¡Espere que oigan esto!" Lo que escucharon fue a un hombre que no recordaba ni un versículo bíblico. Me escucharon tartamudear, hablar incohe-rencias y ser irrelevante, sin asistencia del Espíritu Santo. No sé cómo podría estar más avergonzado.

El ejecutivo radial y su esposa se levantaron y se fueron. Oí una suave voz diciéndome: "Si te quisiera en la radio, te habría puesto allí. Te traje acá para ministrar a estos niños." Yo estaba tan avergonzado que me corrieron lágrimas. Al ocurrir eso, mi mensaje se fortaleció y pude compartir con los chicos lo que

Dios había estado haciendo en mi vida. El mensaje ya no era sobre mí, sino sobre el Dios que me salvó. Luego me puse a adorar y Dios me bendijo esa noche. Ya en mi cuarto, clamé a Dios por su per-dón. Avergonzado ante mi Dios, porque me enfoqué más en mí que en esos niños. Le pedí perdón y Él me perdonó. Dios me humilló esa noche y fue una de mis experiencias más dolorosas. Por eso digo que es mejor que te humilles a que Dios te humille.

Nota del Fundador #6, Paso 7:

Al llegar al Paso 7, comenzamos a adquirir cierto conocimiento de la Biblia. Empezamos a entender quién es Dios y lo que espera de su pueblo. Pero debemos cuidarnos, porque como dice el refrán: "Un poquito de conocimiento es peligroso." El conocimiento nos puede inflar de orgullo. Si no nos cuidamos, andaremos de una arrogancia a otra. Los que recibieron la mayor represión de Jesús mientras estaba en la Tierra, fueron los Saduceos y Fariseos, líde-res religiosos de su época. ¿Por qué? Por su orgullo espiritual, no veían su necesi-dad de arrepentirse y cambiar. También eran un im-pedimento para los que realmente buscaban a Dios.

Un buen ejemplo bíblico de esto está en Lucas 18:10-14:

> *Dos hombres subieron al Templo a orar: uno era fariseo y el otro publicano. El fariseo, puesto en pie, oraba consigo mismo de esta manera: "Dios, te doy gracias porque no soy como los otros hombres: ladrones, injustos, adúlteros, ni aun como este publicano; ayuno dos veces a la semana, diezmo de todo lo que gano." Pero el publi-cano, estando lejos, no quería ni aun alzar los ojos al cielo, sino que se golpeaba el pecho, diciendo: "Dios, sé propicio a mí, pecador." Os digo que éste descendió a su casa justificado antes que el otro, porque cualquiera que se enaltece será humillado y el que se humilla será enaltecido.»*

Si no nos cuidamos, también cruzaremos esa línea. Seremos espi-ritualmente orgullosos. He oído oraciones donde exigen que Dios cumpla su Palabra. Lo cierto es que la Palabra de Dios ya se ha cumplido. Si hacemos lo que Dios nos instruye, no necesitamos ver si Dios está cumpliendo su parte. Dios hará lo que ha dicho. Nuestra actitud al llegar al Paso 7 no debe ser: "Dios, tú dijiste en tu Palabra que si yo hago esto, tú harás aquello. Ya hice lo que me mandaste, ¡así que ahora debes hacer lo que dijiste!" No podemos hacer de Dios un deudor de su Palabra. ¡Qué arrogancia!

Nota del Fundador #7, Paso 7:

Además debemos vigilar en quién estamos confiando para la salvación. Si no nos cuidamos, cruzaremos la línea entre la gracia y las obras. Podemos cantar con los labios: "Mi esperanza está en nada menos que la sangre y justicia de Jesús." Un amigo me se-ñaló que se puede cantar una mentira igual que decirla. Puedes creer que confías en Cristo para tu salvación, cuando realmente confías en tu propia bondad. Jesús le dijo a la iglesia de Efeso: *Pero tengo contra ti que has dejado tu primer amor.* (Apocalipsis 2:4). Dejamos nuestro primer amor cuando amamos más lo que hacemos por Dios que lo que Dios hizo por nosotros. No pidamos a Dios que nos cambie para recibir elogios de Él. Más bien, que sea porque estamos avergonzados de nuestra condición actual.

Nota del Fundador #8, Paso 7:

En el Salmo 51, David dice que su pecado siempre está frente a él. Muchos adictos discutirían esa afirmación, señalando que Dios le había perdonado a David sus pecados. Algunos adictos rehusan encarar las consecuencias de sus pecados. ¿O acaso no ha arrojado Dios su pecados tan lejos como está el oriente del occidente? Como adictos, siempre buscamos la salida fácil, la recuperación menos dolorosa. Pero aunque Dios podría sacarnos de la situación dolorosa, he visto que usualmente nos hace atravesarla. Si podemos admitir la gravedad de nuestros pecados, entenderemos la magnitud de la sublime gracia de Dios.

Hace poco hablaba yo con mi hija menor, Stephanie, y surgieron cosas del pasado en la plática. En ese momento vi una sombra pasar sobre el rostro de mi hija. Y luego supe que era un recuerdo doloroso que afloró y le dolió de nuevo, aun después de tantos años. La sombra era la memoria de una vieja herida que yo le había causado. Saber que yo la había lastimado me abrumó al punto que sentí que perdía el control. Puedes robar más que el dinero de alguien; puedes robarle su infancia. ¿Cómo se vive con eso? La única forma que conozco es andar en el perdón de Dios.

Cuando me enfrento a mi pecado, lo único que me mantiene con un pie adelante del otro, es saber que Dios, en su gracia y misericordia, me ha perdonado. Mi amigo, Steve Gallagher, escribió un estudio bíblico llamado "El Camino del Arrepentimiento". Pienso que si yo hubiera escrito ese excelente estudio, lo habría titulado "El Camino del Perdón". La verdad es que no podemos esquivar el dolor que le hemos causado a otros, ni pienso que Dios quiere que lo hagamos. Al ver nuestros pecados siempre frente a nosotros, permanecemos humildes. Al saber que nuestros pecados han sido perdonados, permanecemos agradecidos.

Nota del Fundador #9, Paso 7:

Considerando Efesios 2:8-9, el mejor consejo que recibí cuando iba a prisión por primera vez, fue de un viejo convicto que iba saliendo. Nos conocimos en el Centro de Justicia en Cleveland. Él salía y yo estaba por entrar a cumplir dos años de sentencia. Ambos tuvimos audiencia con el mismo juez y, mientras esperábamos, el anciano me dijo: "Te irá bien en prisión si no te entrometes, ni apuestas, ni te metes en actos homosexuales y nunca, nunca olvides dónde estás." La parte de nunca olvidar dónde estás es un consejo que hoy comparto con mis voluntarios del ministerio carcelario.

No solo es bueno recordar dónde estás, sino dónde estuviste. Jonathan Edwards dijo: "somos todos pecadores en las manos de un Dios airado." John Newton describió la sublime gracia de Dios así: "salvó a un infeliz como yo." Es cierto que éramos infelices cuando Dios nos salvó, por andar en pecado. Pero también, al estar bajo la sangre de Cristo, ya no somos infelices. Siempre veamos que todo esto fue hecho por Dios y no por obra nuestra. Fue por gracia. Dios nos creó con la habilidad de creer y nos dio en quién creer, la persona de Jesucristo. Nada hicimos para ser librados de nuestra infelicidad. ¿Cómo, pues, podemos acercarnos a Dios con otra cosa sino un espíritu de humildad?

Nota del Fundador #10, Paso 7:
A menudo uso un diagrama de una figurilla humana (no soy artista) subiendo un monte empinado, con una gran carga en su espalda. La carga se llama pecado. Luego dibujo la misma figura en la cima del monte, gozosa, libre de pecado por gracia. Al final, la dibujo en el futuro, al otro lado del monte, con otra gran carga llamada obras. El adicto debe entender que Cristo murió para que seamos libres.

Cuando salí de prisión por última vez, deseaba conocer a Chuck Swindoll. Su ministerio, Perspicacia Para la Vida, me proveyó muy buenas guías y estudios bíblicos, paralelos a sus mensajes radiales de cada noche a las 8 p.m. Sus enseñanzas eran sólidas y si reco-mendaba un libro como *Portales de Esplendor*, por Elizabeth Elliot, yo siempre lo leía. Así crecí en la Palabra de Dios y en mi fe. Por seis años ese ministerio me proveía un estudio bíblico, que yo podía escuchar cinco noches por semana.

Recuerdo que un día de diciembre en la noche, bajo la luz de mi lamparita de noche, escuché a Chuck enseñar sobre Filemón. Miré por las rejas de la prisión hacia el patio, donde el suelo estaba blanco por la nieve. Vi caer los enormes copos de nieve. Pensé en el villancico, "Noche de paz, noche santa, todo en calma, todo brilla." Sentí el calor y resplandor de Dios muy cerca esa noche, y nunca la olvidaré. Pensé que si logro salir de prisión, me gustaría ir a conocer a Chuck Swindoll en persona y agradecerle por tantas noches que lo escuché predicar y enseñar la Palabra de Dios.

Dios sabía que yo deseaba hacer eso, así que me ayudaron a llegar hasta Texas. Estando allá, visité la Iglesia Stonebriar, donde Chuck Swindoll era el pastor principal. No solo pude escucharlo predicar, pero logré compartir algo de mi testimonio con él y agra-decerle por su ministerio. Chuck Swindoll es un buen hombre que no presume; es muy auténtico. ¡Me invitó a sentarme en la misma sección con él y su esposa durante los tres servicios en los que él predicó esa mañana! Me bendijo al escuchar su primer sermón de una serie llamada "El

Despertar de la Gracia." Recuerdo lo último que me dijo al salir. Dijo: "Larry, tú entiendes mucho mejor que la mayoría, lo que significa ser libre. No vendas tu libertad por nada."

Esta fue una advertencia de que algunos dentro del mismo cuerpo de Cristo intentarán robarte tu libertad. Parece que una vez que entendemos que la salvación es por fe, y nada podemos hacer para merecerla, caemos en la trampa de pensar que tenemos que hacer algo para poder retenerla. Otra vez, estaríamos poniendo a Dios como nuestro deudor. Las sectas surgen porque usan la salvación para amenazar a la gente. No hay sustituto para la lectura y conocimiento de la Biblia. ¡Todo tiene que ver con la gracia!

Paso 8

Restaurar

He elaborado una lista de toda la gente que pude haber afectado o dañado con mis acciones. Y me pregunto: "¿Cómo puedo remediar esta situación?"

(Discutan cada versículo bíblico, preguntando: "¿Cómo se aplica este versículo específico al Paso 8?")

Entonces, si ha pecado y ofendido, restituirá aquello que robó, o el daño del despojo, o el depósito que se le encomendó, o lo perdido que halló. (Levítico 6:4)

Preg.: ¿Cómo definirías la restitución?

Si el impío restituye la prenda robada, devuelve lo que haya robado y camina en los estatutos de la vida, sin cometer iniquidad, vivirá ciertamente y no morirá. No se le recordará ninguno de los pecados que había cometido; actuó conforme al derecho y la justicia, y vivirá ciertamente. (Ezequiel 33:15-16)

Preg.: ¿Cómo definirías la rehabilitación?

El que robaba, no robe más, sino trabaje, haciendo con sus manos lo que es bueno, para que tenga qué compartir con el que padece necesidad. (Efesios 4:28)

Preg.: ¿Desea el Señor que hagamos restitución y que seamos rehabilitados?

Preg.: ¿Cómo podrían obstruir, las dos raíces principales de la adicción, o incluso prevenir que hagamos restitución o seamos rehabilitados?

De modo que si alguno está en Cristo, nueva criatura es: las cosas viejas pasaron; todas son hechas nuevas. (2 Corintios 5:17)

Nota: Esta es una maravillosa promesa de Dios. No debemos disminuirla o limitarla de forma alguna.

Este versículo no significa que no tengamos que lidiar con nuestro pasado. Lo que sí promete es que veremos nuestro pasado con una nueva visión y enfrentaremos nuestros problemas de forma diferente.

Preg.: Si todo se renueva y lo viejo se esfuma, ¿por qué preocuparse por este paso del todo?

Preg.: ¿Qué es lo nuevo en el Paso 8?

Preg.: ¿Cómo podemos corregir lo malo cuando somos incapaces de convertirlo en algo bueno?

Preg.: ¿Cuáles son algunas formas en que seríamos incapaces de rectificar nuestros malos actos?

Preg.: ¿Habrán aún consecuencias actuales por nuestros pecados del pasado?

Preg.: ¿Cuáles serán las diferencias principales en cuanto a la forma en que lidiamos con estas consecuencias?

Preg.: La Biblia declara en Éxodo 20:12 que debemos honrar a nuestros padres. ¿Qué significa honrar?

Nota: Necesitamos ver el concepto completo del significado de honrar a alguien, y luego compararlo con lo que queremos lograr en el Paso 8. Para honrar a las personas, nos proponemos tratarlas bien. Les damos un lugar significativo en nuestra vida. Lo que ellos digan, piensen, hagan y cómo se sienten nos importa. Cuando honremos a la gente, ellos también nos honrarán. Entre más gente decidamos honrar, tanto más enriquecida y plena será nuestra vida.

Preg.: ¿Qué tiene que ver el honrar a la gente con el Paso 8?

Preg.: ¿Cómo nos ayudaría el honrar a la gente, a lidiar con las principales raíces de la adicción?

> *Hombre, él te ha declarado lo que es bueno, lo que pide Jehová de ti: solamente hacer justicia, amar misericordia y humillarte ante tu Dios.* (Miqueas 6:8)

Preg.: ¿Qué significa hacer justicia?

R/: Hacer lo correcto, lo veraz, lo apropiado y justo.

Preg.: Uno de los tres requisitos del versículo es hacer justicia. ¿Cómo piensas que se aplica este versículo al Paso 8?

Preg.: ¿Cuáles son unas formas en que podemos hacer justicia a los que hayamos dañado en el pasado?

Preg.: ¿De qué formas podemos hacer justicia a los nos han dañado en el pasado?

> *El que sabe hacer lo bueno y no lo hace, comete pecado.* (Santiago 4:17)

Preg.: ¿Cómo se aplica este versículo de Santiago al Paso 8?

Preg.: ¿Cuál es la advertencia si no tratamos de rectificar lo malo?

> *Por tanto, si traes tu ofrenda al altar y allí te acuerdas de que tu hermano tiene algo contra ti, deja allí tu ofrenda delante del altar y ve, reconcíliate primero con tu hermano, y entonces vuelve y presenta tu ofrenda.* (Mateo 5:23-24)

Repaso: Reconciliar significa ser amigos de nuevo o resolver una disputa.

Preg.: ¿Con quién debemos reconciliarnos primordialmente?

Preg.: ¿Cómo logramos la reconciliación con Dios?

Preg.: ¿Cómo crees que estar bien con Dios nos ayuda a estar bien con los demás?

Nota: Dios quiere que rectifiquemos cuando sea posible. Pero en muchos casos puede ser difícil. La gente podría no querer vernos o hablarnos. Se pueden haber muerto o trasladado, y no podemos localizarlos. Hasta nos pueden haber impuesto una restricción de visitas o contactos. Un viejo adagio para estos casos sería: "Las heridas viejas, mejor las dejas." Es decir, por tratar de arreglar algo, podríamos más bien empeorarlo. El salmo 37 dice que Dios nos da los deseos del corazón si nos deleitamos en Él. Dios también sabe cuándo queremos rectificar las cosas con los demás. Dios nos ben-decirá y hará por nosotros lo que nosotros mismos no podemos. La clave es pedirle a Dios su ayuda para hacer nosotros lo que poda-mos y confiar en Él para el resto.

Preg.: ¿Cómo debemos tratar a los que nos han tratado mal?

> *No digas: «Yo me vengaré»; espera en Jehová y él te salvará.*
> (Proverbios 20:22)

Preg.: ¿Qué significa vengarse?

R/: Repagar o compensar por algo.

Preg.: ¿Qué significa esperar en el Señor?

NOTAS

Preg.: ¿De qué nos salva el Señor en Proverbios 20:22?

Preg.: ¿Cuál es nuestra reacción natural (por nuestra naturaleza pecadora) cuando nos maltratan?

Preg.: ¿Cómo hemos respondido en el pasado a los que nos han lastimado física, mental o emocionalmente?

Nota: Veamos la otra cara del Paso 8 de manera bíblica. ¿Qué hacemos con los que han pecado contra nosotros en el pasado? Primero vemos si nuestros actos provocaron la ofensa de ellos. ¿Reaccionaron por lo que hicimos a ellos o a algún ser querido? En ese caso seríamos nosotros los culpables. ¿Y qué de aquellos que no quieren aceptar nuestras disculpas? ¿Será su reacción de no perdonarnos, algo que provocamos? Otra vez, seríamos culpables. No necesitamos pedir perdón a quienes no hayamos lastimado.

¿Y qué de aquellos que nos lastimaron en el pasado, donde no tuvimos culpa alguna? Quizá nos violaron cuando niños, o nuestros padres eran adictos. ¿Cómo responderíamos en estos casos? (Comenten)

> *Y cuando estéis orando, perdonad, si tenéis algo contra alguien, para que también vuestro Padre que está en los cielos os perdone a vosotros vuestras ofensas. (Marcos 11:25)*

Nota: Para lidiar con los que nos han lastimado hay que entender plenamente cómo Dios nos trató por nuestros pecados contra Él. Los que hemos recibido gracia, misericordia y perdón de Dios, debemos poder extender lo mismo a otros. Efesios 4:32 dice: *Antes, sed bondadosos unos con otros, misericordiosos, perdonándoos unos a otros, como Dios también os perdonó a vosotros en Cristo.*

Preg.: ¿Te cuesta perdonar a alguien de tu pasado?

Preg.: Si es así, ¿estás dispuesto a compartirlo con el grupo?

> *¿Qué Dios hay como tú, que perdona la maldad y olvida el pecado del remanente de su heredad? No retuvo para siempre su enojo, porque se deleita en la misericordia. Él volverá a tener misericordia de nosotros; sepultará nuestras iniquidades y echará a lo profundo del mar todos nuestros pecados. (Miqueas 7:18-19)*

Preg.: ¿Está Dios dispuesto a perdonar nuestras ofensas?

Preg.: Habiéndonos perdonado Dios, ¿nos cobra después?

Preg.: Si Dios ama la misericordia, ¿acaso no deberíamos nosotros? (Ver Miqueas 6:8)

Preg.: Si Dios nos perdona, ¿no deberíamos perdonar a otros?

> *Entonces se le acercó Pedro y le dijo: 'Señor, ¿cuántas veces perdonaré a mi hermano que peque contra mí? ¿Hasta siete?' Jesús le dijo: 'No te digo hasta siete, sino aun hasta setenta veces siete.' (Mateo 18:21-22)*

Preg.: ¿Qué habrá querido decir Jesús con setenta veces siete? (Comenten)

Lean y comenten Mateo 18:23-35.

> *Y todo esto proviene de Dios, quien nos reconcilió consigo mismo por Cristo, y nos dio el ministerio de la reconciliación: Dios estaba en Cristo reconciliando consigo al mundo, no tomándoles en cuenta a los hombres sus pecados, y nos encargó a nosotros la palabra de la reconciliación. (2 Corintios 5:18-19)*

Preg.: ¿Cómo nos ha dado Dios un ministerio de reconciliación?

Preg.: ¿Cuál es otro nombre que signifique *reconciliación*?

R/: El evangelio, de acuerdo con las Escrituras.

Escribe tus propios pensamientos sobre el Paso 8. Si haces una lista, luego descártala. No es necesario que nadie más sepa lo que escribiste. Pero sí quiero que consideres el efecto dominó de tus acciones.

Como adictos, tendemos a minimizar las consecuencias de nuestros actos, así que dedícale su tiempo a este ejercicio. No te excuses de lo que hayas hecho. Medítalo hasta sus consecuencias y si lo haces, te ayudará a vencer no solo tus adicciones, sino también tu pasado. Sé realista y sincero.

Notas del Fundador con Ilustraciones para el Paso 8

Paso 8 - <u>Restaurar</u>: He elaborado una lista de toda la gente que pude haber afectado o dañado con mis acciones. Y me pregunto: "¿Cómo puedo remediar esta situación?"

Nota del Fundador #1, Paso 8:

Nótese que una persona usualmente está ardiente por el Señor al nacer de nuevo. Cómo se encamine ese fuego puede construir o destruir a un nuevo cristiano. Cuando yo vendía autos, solíamos ir a escuchar a oradores motivadores. Yo salía de esas reuniones muy animado, decidido a venderle un auto al primer cliente que se atreviera a llegar a nuestro auto lote.

Recuerdo el día en que una pareja madura pasó por el lote, cuando yo recién salía de una reunión de motivación. Yo venía armado. Les hice todas las preguntas correctas. Nos habían enseñado a evitar preguntas que se contestan con sí o no. Por ejemplo: "¿Buscas uno nuevo o usado? o ¿Prefieres de dos o cuatro puer-tas?" Luego tomé la iniciativa como me instruyeron. Con toda autoridad les dije: "¡Síganme!" y no miré hacia atrás. Solo avancé, sabiendo que me seguirían, pues eso me habían enseñado.

Cuando llegué al auto que pensaba venderles, miré para todos lados y no estaban. ¡Caminaron en otra dirección y otro vendedor los estaba atendiendo! Esto realmente me desinfló. Tanto, que perjudicó mis ventas por el resto del mes.

Un abordaje cauteloso para el Paso 8 es lo mejor. Algunos no querrán volver a saber de nosotros. Hay quienes nunca nos perdonarán por lo que hicimos. No puedes obligarlos a perdonarte, ni te debes enfadar cuando no lo hacen. Eso es resultado del orgullo, u orgullo herido. Recordemos que aquellos que hemos herido no son los culpables. Nuestros actos pasados provocaron eso.

La gente que aún vive una vida mundana no comprenderá lo que significa nacer de nuevo. Por tanto, no entenderán el cambio que ocurre en nosotros. Con paciencia, pidamos a Dios que nos indique lo que Él quiere que hagamos. Si no te cuidas, saldrás disparado y chocarás contra un muro, lo cual frenará tu ímpetu para completar este paso. Hasta podrías desilusionarte con tu caminar como cristiano.

Nota del Fundador #2, Paso 8:
Cuando hacemos lo correcto, lo mismo sucederá. Mas, quizá no de inmediato. Podríamos tener que disculparnos varias veces, por un tiempo, antes que alguien acepte nuestra disculpa. Ese "lo siento" inicial te puede rebotar con una grosería. Esto te puede desanimar, especialmente si esperabas una reacción favorable a tu disculpa.

La Biblia dice que no nos cansemos de hacer el bien, lo que me hace preguntar: "¿Por qué te vas a cansar de hacer el bien? Pues, porque pensarán que tienes una agenda oculta. ¿Y por qué no lo harían? De verdad tenemos una intención clara. Es la única razón por la que hicimos algo bueno en el pasado. Cuando buscamos enmendar una situación, debemos hacerlo sin esperar recompensa alguna ni para que nos quieran. No es para que nos sintamos bien. Debemos desear hacer enmiendas porque es lo correcto a los ojos de Dios. Durante este paso, debemos siempre preguntar-nos por qué hacemos lo que hacemos.

Nota del Fundador #3, Paso 8:
Para ilustrar la importancia de la motivación, daré un ejemplo mundano que me avergüenza. Diciembre suele ser un mes de pocas ventas para los vendedores de autos. Pero un cierto diciembre me estaba yendo mejor de lo usual, y a mi amigo le iba muy mal. Ambos trabajábamos solo por comisión. Mi amigo tenía una familia grande, y yo sabía que le costaría darle regalos de Navidad a sus hijos o incluso llevarles comida. Como yo quería impresionar a mi novia, fui a comprar alimentos y regalos para mi amigo y su familia, pero me aseguré de traer conmigo a mi novia. Cuando llamé a la puerta de mi amigo, me sonrió al verme y vi la cara de gratitud en su rostro al ver la comida y los regalos que

traje. Luego notó a la chica detrás mío y su semblante decayó. Supo al instante que mi motivación no era para ayudarle a él y a su familia. Nunca olvidaré su mirada. Le causé una buena impresión a esa chica, pero perdí a un amigo y obtuve un recuerdo que hasta hoy quisiera borrar.

Nota del Fundador #4, Paso 8:

Mencioné en la sección de ejercicios del libro para este paso que a veces nos imponen una restricción de visitas. Reitero que nunca debemos violar una restricción de estas, aunque sea para hacer enmiendas. Te garantizo que ni al juez ni al oficial les va a importar tus buenas intenciones. La ley se obedece. Si vivimos centrados en Cristo y dejamos que Dios haga las reparaciones como Él quiera, no seremos decepcionados. Cuando salí de la prisión, no presioné a mi familia. Más bien oré: "Señor, si me devuelves a mi familia, te alabaré; pero si no me la devuelves, igualmente te alabaré. El motivo de mi vida es alabarte."

Escuché a Chuck Swindoll decir por la radio: "Si fluye, viene de Dios; si camina forzado, viene de mí mismo." No quiero abrir la puerta de una patada; quiero que Dios la abra por mi. Me llevó mucho tiempo lastimar a tantas personas, y tomará mucho tiempo reparar el daño. Yo necesito ser sensible a esa suave voz que me habla, diciendo: "Este es el camino, camina por aquí."

Nota del Fundador #5, Paso 8:

El oficial, el juez y otras autoridades no son el enemigo. Los vemos así porque amenazan nuestra habilidad de mantener nuestra adicción. Tratan de quitarnos lo que para los adictos son disparadores.

Las autoridades buscan impedir que los usemos. Y los despreciamos porque los vemos como una amenaza. Pero mientras los veamos así, nosotros seremos la amenaza para otros. Los orgullosos no se someten a las autoridades, ni soportan la represión. Lo que más me enojaba cuando estaba borracho era que me llamaran borracho. Es que quería ocultar esa parte de mí. No queremos que nos descubran, pues tendríamos que dejar las adicciones. Así que nos enojamos. Nuestro orgullo nos hace enojarnos con los que tratan de ayudarnos.

Nota del Fundador #6, Paso 8:

Parte del Paso 8 es reconocer que necesitamos perdonar a los que han abusado de nosotros. A veces surgía un guardia en la prisión que abusaba de su autoridad. Quizá nunca antes había estado en un puesto de autoridad. Tal vez estaba descargando en nosotros los problemas de su hogar. Fuera lo que fuera, los guardias a veces se volvían abusivos y severos en sus actitudes hacia los convictos. O sea, andaban buscando una pelea.

Antes de ser salvo, me enojaba con este tipo de guardia, pero luego de nacer de nuevo, entendí que mis actos me tenían en ese lugar, entre autoridades abusivas, y reconocí al verdadero culpable de todo eso: yo mismo. Si había que enojarse con alguien, era conmigo. Empecé a orar por aquellos que eran tan miserables que sentían necesidad de desquitarse con otros.

Nota del Fundador #7, Paso 8:

Nunca sabremos la magnitud del daño que nuestros actos han causado. Por ejemplo, cuando yo entrego regalos del programa Árbol de Ángeles a los hijos de convictos, veo que los abuelos a menudo los crían. Dios no diseñó a los abuelos para criar nietos. La crianza de niños es demasiado pesada para la gente anciana. Se cansan más pronto que antes y les es difícil jugar en el piso. Les cuesta jugar con la pelota afuera y hasta alzar al niño.

El esfuerzo mental para los ancianos también es mayor. Ellos desean paz y quietud, mientras que los niños quieren lo opuesto. Los niños quieren hacer y hacer cosas; los abuelos quieren estar sentados. Además es un esfuerzo económico, que seguro que no incluyeron en su plan de jubilación. Así que, en vez de viajar y disfrutar de sus años dorados, están criando a los hijos de sus hijos.

La mayoría de los ancianos viven de un ingreso fijo, por lo cual esto les reduce el presupuesto, que a su vez provoca discusiones entre los esposos y tensa las relaciones familiares. Y si viven con esa tensión en la casa, es probable que las relaciones afuera también se vuelvan tensas.

Es un ciclo que yo llamo el efecto dominó. Es el ejemplo que uso cuando trato de animar a los adictos a enfrentar las consecuencias de sus decisiones. Apenas estoy rasgando la superficie; en tu grupo puedes añadir tus propios ejemplos. Esta es una discusión muy importante, pues nos hace mirar las consecuencias de nuestros actos. Cuando entendemos el peso de nuestros pecados, vemos cuán grande misericordia la de Dios para perdonarnos. Cuanto mejor entendamos el perdón de Dios hacia nosotros, tanto más perdonadores y tolerantes seremos con los demás.

Nota del Fundador #8, Paso 8:

En el Paso 8 se nos pide que hagamos una lista de la gente que hemos lastimado con nuestros actos. Luego surge la pregunta: "¿Y qué de la gente que me lastimó en el pasado?" Esta pregunta no debe ignorarse sino tratarse en este momento. En el trabajo con convictos, he escuchado historias de abuso infantil tan horribles que me cuesta creerlo. Algunos demuestran necesitar una ayuda más allá de lo que yo puedo brindar. Como adictos en este programa, no debemos temer el admitir cuando enfrentamos cosas ma-yores de las que podamos manejar. Está bien admitir que ocupa-mos ayuda. Nunca tengan temor de admitir que ciertos problemas están por encima de sus habilidades.

Pienso que todos coincidimos en que quienes violan niños son culpables de los peores crímenes de la sociedad. Pero dicen los sicólogos que muchos de ellos también fueron abusados cuando niños. Esto para nada excusa sus actos como adultos, pero señala la necesidad de entender nuestro pasado y perdonar a los que nos han maltratado. Si no perdonamos a los que nos lastimaron, estamos dejando que ellos sigan afectándonos de forma negativa. Es decir, aquel abuso continúa hoy. Hasta podríamos llegar a ser co-mo ellos. Al ver nuestra necesidad de ser perdonados, veremos nuestra necesidad de perdonar. Hasta entonces saldremos del pasado hacia el presente, libres al fin.

Nota del Fundador #9, Paso 8:

Los adictos usamos muletas como: culpar a otros, minimizar o ra-cionalizar. Tenemos que entrenarnos a notar la presencia de éstas al hacer nuestra lista y evaluar el daño que hayamos causado a otros. Una vez un convicto me habló después de clase en lo que sentí como manipulación. Solo le faltó la manzana para el maestro.

Dijo que estaba preso por tener sexo con una menor de edad. Le pregunté por la edad de la joven y me dijo que tenía doce años. Lo miré a los ojos y le dije: "Antes de seguir, tienes que entender que no estás en prisión por tener sexo con una menor de edad; ¡estás acá por haber violado a una bebé! En algún lado hay una niñita que duerme con la luz encendida por causa tuya."

Yo no estaba juzgando al hombre; quería que se viera y ubicara acerca del terrible acto que cometió. Como facilitador del programa (o miembros que se rinden cuentas), debemos escuchar a otros y enfrentarlos a solas o frente al grupo cuando tratan de mi-nimizar sus actos. ¡La minimización es lo que tratamos de evitar aquí! Al abordar el Paso 8 con la actitud correcta, intentando llegar a la raíz del problema aunque resulte doloroso, los resultados pueden cambiarle la vida. He visto a muchos quebrantarse al dar este paso. La clave es ver las consecuencias de lo que hemos hecho. Si podemos hacerlo, cuando enfrentemos decisiones simila-res, tomaremos la decisión correcta. Consideraremos el costo y elegiremos no cometer el acto.

Nota del Fundador #10, Paso 8:

Existe otra cara del Paso 8. Este paso nos anima a humillarnos delante de otros. Nos sentimos bien al decir, "lo siento" y realmente sentirlo. Se siente bien cuando nos perdonan. A los adictos nos cuesta admitirle a otros que nos equivocamos. Preferiríamos ocul-tarnos que tener que pedirles perdón. Siempre buscamos un atajo para evitar el dolor y la vergüenza. Un capellán de la prisión me contó una vez que la vergüenza es el banderín que ondea sobre el castillo del orgullo. Este paso enternece el corazón.

Nota del Fundador #11, Paso 8:

Yo debía mucho dinero de la pensión por mis hijos cuando salí de la prisión. En la oficina de pensiones se sorprendieron de cuánto debía. Me preguntaron por qué no estaba en la cárcel, si debía tanto. Yo expliqué que venía de la prisión. Me informaron que por mi situación yo podía completar un trámite que reduciría el monto que adeudaba. Les dije que no quería hacer eso. Al preguntarme por qué, les respondí: "Yo debo ese dinero y quiero pagarlo todo. Quiero que mis hijos sepan que tienen un padre." Muchas cosas buenas han pasado en mis relaciones familiares porque tomé esa decisión. Pero no fue por eso que lo decidí. Lo hice porque quería hacer lo correcto delante de Dios. No busqué la salida fácil, sino la correcta. Nunca he lamentado esa decisión. Dios honra las decisiones del corazón que busca hacer lo correcto.

Paso 9

Procurar

> Diariamente, procuro conocer a Dios y vivir conforme a su voluntad, su plan y propósito para mi vida.

(Discutan cada versículo bíblico, preguntando: "¿Cómo se aplica este versículo específico al Paso 9?")

Nota: Si has entregado tu vida a Cristo, serás transformado. El cambio empieza despacio, pero ha-llarás que actúas y reaccionas distinto ante las situaciones, a la forma en que respondías ante situaciones similares en el pasado. Tal vez ya has notado algunos cambios. Compartan con el grupo (voluntariamente) algunos cambios que hayas notado en ti. ¿Han notado otros los cambios en ti? (Comenten)

> *El temor de Jehová es el principio de la sabiduría; el conocimiento del Santísimo es la inteligencia.* (Proverbios 9:10)

Nota: El saber que Dios existe y entender que Él es santo nos hará ver que nosotros no somos santos y nunca podríamos serlo sin la ayuda de Dios. Esta es la base de ver la necesidad de cambiar de alguien egocéntrico a alguien centrado en Dios.

Preg.: ¿Qué piensas que es el significado de temor en el versículo anterior? (Repase la hoja de trabajo y Efesios 5:21)

> *Buscad primeramente el reino de Dios y su justicia, y todas estas cosas os serán añadidas.* (Mateo 6:33)

Nota: El reino de Dios se encuentra en la persona de Jesucristo. Si lo recibimos como nuestro Señor y Salvador, tendremos su nueva naturaleza. Tenemos que buscar primordialmente la voluntad de Dios. Luego, *todas estas cosas*, los deseos de nuestro corazón regenerado, se cumplirán.

Preg.: ¿Cómo recibimos la justicia de Dios? (Lean 1 Corintios 1:30 y comenten)

Preg.: ¿Qué significan *todas estas cosas* para ti?

Antes bien, como está escrito: «Cosas que ojo no vio ni oído oyó ni han subido al corazón del hombre, son las que Dios ha preparado para los que lo aman.» (1 Corintios 2:9)

Nota: Esta es una promesa de Dios. Él tiene su voluntad y un plan y propósito para nuestras vidas. Dios desea convertirnos en algo hermoso, con cosas tan maravillosas que ni las podemos imaginar.

Preg.: ¿Cuál es nuestra parte para cumplir esta promesa de Dios?

Preg.: ¿Crees que Dios cumplirá su promesa? Si es así, ¿qué te impide implementarlo en tu vida?

Repaso:
En el Paso 9 reconocemos que Dios tiene su voluntad y un plan y propósito para nuestras vidas. Su voluntad es perfecta. La nuestra es defectuosa, llena de orgullo y egocentrismo. Ahora iniciamos un nuevo camino, pero antes definamos la voluntad, plan y propósito de Dios para nuestras vidas, y comprendamos lo que es.

Preg.: ¿Cuál es la voluntad de Dios para nuestras vidas?

R/: La voluntad de Dios es que seamos restaurados a una correcta relación con Él por la sangre de su Hijo y recibamos vida eterna.

Porque yo sé los pensamientos que tengo acerca de vosotros, dice Jehová, pensamientos de paz y no de mal, para daros el fin que esperáis. (Jeremías 29:11)

Nota: Muchos enseñan esto como parte de una doctrina de prosperidad, pero más bien habla de restauración. Todos hemos pecado contra Dios a propósito. Nos hemos rebelado en toda forma. Hemos vivido como si Dios no existiera. A pesar de nuestra rebel-día, Dios, que podría fácilmente castigarnos, no planea hacerlo. Piensa en restaurar nuestra relación con Él. Su regalo a nosotros es la vida eterna por medio de Cristo, y lo que esperamos es reinar con Él en gloria. Jeremías 29:11 es un versículo de salvación. Dios quiere que seas salvo.

Preg.: En vista de lo anterior, ¿Qué piensas que significa *pensamientos de paz y no de mal*?

Porque yo no quiero la muerte del que muere, dice Jehová, el Señor. ¡Convertíos, pues, y viviréis! (Ezequiel 18:32)

Preg.: ¿Se deleita Dios en castigarnos?

Preg.: ¿Quién decide si vivimos o morimos?

Dios no envió a su Hijo al mundo para condenar al mundo, sino para que el mundo sea salvo por él. (Juan 3:17)

Preg.: ¿Vino Cristo al mundo para juzgarlo?

Preg.: ¿Qué significa ser salvo?

Preg.: ¿Está el cuerpo de Cristo en el mundo para juzgarlo?

R/: No. El cuerpo de Cristo está en el mundo para atraer a otros a Cristo para que sean salvos.

Preg.: ¿Para qué envió Dios a su Hijo al mundo?

Preg.: ¿Cómo podemos ser salvos?

El Señor no retarda su promesa, según algunos la tienen por tardanza, sino que es paciente para con nosotros, no queriendo que ninguno perezca, sino que todos procedan al arrepentimiento. (2 Pedro 3:9)

Nota: Llegará el día cuando Dios diga que se acabó, y seremos sellados en la decisión que hayamos tomado en cuanto a su Hijo. Hoy estamos en un período de gracia. Dios nos da tiempo de arre-pentirnos y llegar a conocer a Cristo para salvarnos.

Preg.: ¿Puedes arrepentirte y no ser salvo? (Comenten)

Nota: El ser sufrido significa que nos han maltratado y tenemos derecho a la represalia, pero más bien decidimos conceder a la(s) persona(s) que nos maltrataron, un tiempo para que se disculpen o hagan enmiendas.

Preg.: ¿El ser sufrido será lo mismo que ser paciente?

Que por la misericordia de Jehová no hemos sido consumidos, porque nunca decayeron sus misericordias; nuevas son cada mañana. ¡Grande es tu fidelidad! (Lamentaciones 3:22-23)

El cual quiere que todos los hombres sean salvos y vengan al conocimiento de la verdad. (1 Timoteo 2:4)

El cual se dio a sí mismo por nuestros pecados para librarnos del presente siglo malo, conforme a la voluntad de nuestro Dios y Padre. (Gálatas 1:4)

De acuerdo con los tres versículos anteriores:

Preg.: ¿Cuál es la voluntad de Dios para toda la humanidad?

Preg.: ¿Quién es la verdad?

> *Y la voluntad del Padre, que me envió, es que no pierda yo nada de todo lo que él me da, sino que lo resucite en el día final.* (Juan 6:39)

Nota: Cuando entregamos nuestra vida a Cristo, Él no nos pierde ni nos suelta. El mismo poder que resucitó a Jesús de los muertos nos resucitará también. ¡Qué maravillosa promesa! Para poder entenderla bien, debemos saber cómo funciona la Santísima Trinidad juntamente para nuestra salvación. El padre nos atrae hacia el Hijo. Pero no lo hará hasta que sean reprendidos por el Espíritu Santo y estén bajo convicción de su incredulidad. Nadie viene al Padre sino por medio de su Hijo. Note los siguientes tres versículos:

> *Jesús le dijo: 'Yo soy el camino, la verdad y la vida; nadie viene al Padre sino por mí'.* (Juan 14:6)

> *Nadie puede venir a mí, si el Padre, que me envió, no lo atrae; y yo lo resucitaré en el día final.* (Juan 6:44)

> *Y cuando él venga, convencerá al mundo de pecado, de justicia y de juicio. De pecado, por cuanto no creen en mí.* (Juan 16:8-9)

Nota: Dios desea que todos sean salvos; eso es obra del Señor. Completamos la voluntad de Dios cuando entregamos nuestras vidas a Cristo. Una vez salvos, como cuerpo de Cristo nos integra-mos a la obra de Dios, con un nuevo propósito, el de ver a otros salvarse, pues esa es la voluntad de Dios. Y recibimos la nueva naturaleza de Cristo, y la voluntad de Dios se hace la nuestra.

Preg.: ¿Cuál es el plan de Dios para nuestras vidas?

R/: Dar a conocer a su Hijo a una generación perdida y moribunda.

> *Hubo un hombre enviado por Dios, el cual se llamaba Juan. Éste vino como testigo, para dar testimonio de la luz, a fin de que todos creyeran por medio de él. Él no era la luz, sino un testigo de la luz.* (Juan 1:6-8)

Preg.: ¿A cuál Juan se refiere este pasaje?

Preg.: ¿Quién es la Luz?

Preg.: ¿Cuál era el plan de Dios para Juan el Bautista?

Preg.: ¿Cuál es el plan de Dios para nosotros?

Nota: Los métodos de Dios no cambian, ya sea que trate con una persona, una nación o en sentido universal. *Porque yo, Jehová, no cambio.* (Malaquías 3:6)

> *Pues somos hechura suya, creados en Cristo Jesús para buenas obras, las cuales Dios preparó de antemano para que anduviéra-mos en ellas.* (Efesios 2:10)

Preg.: ¿De quién somos hechura nosotros?

Preg.: ¿Puedes mencionar algunas de las buenas obras que Dios le ha encomendado a Su pueblo?

Nota: El plan de Dios para redimir al hombre caído fue predestinado. Es decir, Dios diseñó que fuéramos salvos y diéramos testimonio de su Hijo mucho antes de que el hombre decidiera pecar.

Preg.: ¿Crees que sea posible que hagamos algo que sorprenda a Dios tanto que lo hallemos desprevenido?

> *Pero vosotros sois linaje escogido, real sacerdocio, nación santa, pueblo adquirido por Dios, para que anunciéis las virtudes de aquel que os llamó de las tinieblas a su luz admirable.* (1 Pedro 2:9)

Nota: Esto es a lo que los cristianos le dicen un llamado. Somos la generación que es llamada hoy. ¿Cómo brillará nuestra generación comparada con las anteriores? Este es nuestro tiempo para brillar para Jesús. Nuestro brillo de hoy ayudará a iluminar el camino para las futuras generaciones. Es emocionante saber que el plan de Dios para nosotros tiene valor eterno.

Preg.: ¿Qué nos hace un pueblo distinto o especial?

R./: El hecho de hemos sido escogidos y adquiridos por Dios.

> *Asidos de la palabra de vida, para que en el día de Cristo yo pueda gloriarme de que no he corrido en vano, ni en vano he trabajado.* (Filipenses 2:16)

Nota: Nuestro llamado es a proclamar la Palabra de Vida a los que perecen. Todo lo que yo piense, haga y diga ha de ser para atraer a otros a Cristo. Si es por otra razón aparte de atraer a otros a Cristo, por mi amor por el Señor, entonces es en vano.

Preg.: ¿Qué significa en vano?

NOTAS

Preg.: ¿Qué significa vanidad y cómo se relaciona con el orgullo?

> *De cierto, de cierto os digo: El que en mí cree, las obras que yo hago, él también las hará; y aun mayores hará, porque yo voy al Padre.* (Juan 14:12)

Preg.: ¿Quién es que habla en este versículo?

Preg.: ¿Cuáles son algunos milagros de Jesús aquí en la Tierra?

Preg.: ¿Cómo podríamos hacer mayores obras que las de Jesús?

Preg.: ¿Cómo nos facultan para hacer mayores obras que estas?

Preg.: ¿Cuáles son las dos condiciones en Juan 14:12?

R/: El que cree en mí, porque yo voy al Padre.

Preg.: ¿Cómo puede Jesús ir al Padre y facultarnos a la vez?

Nota: Este es uno de los pasajes más emocionantes en la Biblia. El Dios que creó el cosmos dice que haremos grandes obras. Jesús lo dice con la perspectiva de Dios, no la nuestra. Los cami-nos de Dios son más altos que los nuestros, y la obras mayores que Jesús cita, superan nuestra imaginación. Al compartir el evan-gelio con alguien que lo cree y recibe, el sordo oye, el ciego ve y el que estaba muerto en sus delitos ahora vive para siempre y reinará con Dios en gloria. Ese es nuestro llamado; es el plan de Dios para nosotros. ¿Podría haber algo mayor que eso?

> *Sepa que el que haga volver al pecador del error de su camino, salvará de muerte un alma y cubrirá multitud de pecados.* (Santiago 5:20)

Preg.: ¿Cómo puede ser salvada el alma de un pecador y sus pecados estar escondidos?

> *Y vosotros daréis testimonio también, porque habéis estado conmigo desde el principio.* (Juan 15:27)

Preg.: ¿Cuál es el propósito de Dios para nuestras vidas?

R/: Que lo glorifiquemos por medio de Cristo.

Nota: En esta tercera y última fase del Paso 9, nos preguntamos: "¿Cuál es el propósito de Dios para nuestras vidas?"

*Esto dijo dando a entender con qué muerte había de glorificar a
Dios. Y dicho esto, añadió: 'Sígueme.'* (Juan 21:19)

Preg.: ¿De cuál muerte estaba hablando Jesús?

Preg.: ¿Cómo glorificó a Dios aquella muerte?

Preg.: ¿Cómo debemos responder ante la muerte de Jesús?

*Con Cristo estoy juntamente crucificado, y ya no vivo yo, mas vive
Cristo en mí; y lo que ahora vivo en la carne, lo vivo en la fe del Hijo
de Dios, el cual me amó y se entregó a sí mismo por mí.* (Gálatas 2:20)

Nota: Al ser bautizados, públicamente reconocemos que hemos participado de la muerte, sepultura y resurrección de Jesús.

Preg.: ¿Qué significa ser crucificado con Cristo?

Preg.: ¿Cuál debe ser nuestra respuesta a Aquel que se entregó a la muerte para que podamos vivir?

R/: Le damos toda la alabanza y la gloria por salvarnos, transformar nuestras vidas y por librarnos.

Invócame en el día de la angustia; te libraré y tú me honrarás.
(Salmo 50:15)

Nota: Cómo respondemos ante las pruebas determina nuestra eternidad. Si acudimos a Dios, seremos librados. Y entendemos que nosotros no, sino otro tenía que salvarnos. Nos damos cuenta que solo Dios podía salvarnos. Con gratitud de corazón, le damos gloria por nuestra salvación y vivimos para glorificarlo a Él. Estuvimos perdidos, mas ahora hallados; antes sin esperanza ni propósito, pero ahora nuestra esperanza y propósito son seguros y firmes. La gloria sea a Dios, quien ha hecho maravillas.

*Te alabaré, Jehová, Dios mío, con todo mi corazón y glorificaré tu
nombre para siempre.* (Salmo 86:12)

Nota: Esta es la actitud de gratitud que debemos desarrollar. Más de diez minutos sin agradecer a Dios por algo, es mucho tiempo.

*Así alumbre vuestra luz delante de los hombres, para que vean
vuestras buenas obras y glorifiquen a vuestro Padre que está en los
cielos.* (Mateo 5:16)

Preg.: ¿Qué significa *buenas obras* aquí?

Preg.: ¿Al hacerlas, quién realiza las buenas obras realmente?

Preg.: ¿Quién debe recibir la gloria por esas buenas obras?

> *Para que unánimes, a una voz, glorifiquéis al Dios y Padre de nuestro Señor Jesucristo.* Por tanto, recibíos unos a otros, como también Cristo nos recibió, para gloria de Dios (Romanos 15:6-7)

Preg.: Como cuerpo de Cristo, unánimes debemos alabar a Dios. ¿Será cierto del pueblo de Dios hoy? Si no lo es, ¿por qué no?

Preg.: Debemos recibirnos como Cristo nos recibió. ¿En qué condición estábamos cuando Cristo nos recibió?

Preg.: ¿Cómo ha afectado el orgullo y el egocentrismo al cuerpo de Cristo hoy en día?

Repase Gálatas 5:19, que presenta una lista de las obras de la carne. ¿Se ven estas obras en la iglesia hoy? (Comenten)

> *Él me glorificará, porque tomará de lo mío y os lo hará saber* (Juan 16:14)

Preg.: ¿De quién está hablando Jesús aquí?

R/: Del Espíritu Santo.

> *Por mí mismo hice juramento, de mi boca salió palabra en justicia y no será revocada: "Que ante mí se doblará toda rodilla y jurará toda lengua."* (Isaías 45:23)

Preg.: Este versículo de Isaías es profético y mesiánico. ¿Qué o quién es la palabra mencionada arriba?

> *En Jehová será justificada y se gloriará toda la descendencia de Israel.* (Isaías 45:25)

Preg.: ¿Quién es la descendencia de Israel hoy?

Nota: Nuestra gloria nunca ha sido propia. Si éramos adictos reales, no teníamos nada que perder. Vivíamos una vida vergonzosa para nuestros seres amados. Hoy, si hemos entregado nuestra vida a Cristo, su gloria es nuestra y su Padre nos llama amigos. Quién soy en Cristo es lo que marca la diferencia. Jamás habrá mejor decisión que esa. Si no has tomado la decisión de recibir a Cristo, ¿lo harías ahora, por favor?

> *Pues escrito está: «Vivo yo, dice el Señor, que ante mí se dobla-rá toda rodilla, y toda lengua confesará a Dios.» (Romanos 14:11)*

> *Para que en el nombre de Jesús se doble toda rodilla de los que están en los cielos, en la tierra y debajo de la tierra; y toda lengua confiese que Jesucristo es el Señor, para gloria de Dios Padre. (Filipenses 2:10-11)*

Preg.: ¿Cuál es el resultado final de la obra de Cristo en la cruz?

Preg.: ¿Qué recursos tenemos los cristianos para hacer la voluntad, plan y propósito de Dios para nuestras vidas? (Comenten)

Notas del Fundador con Ilustraciones para el Paso 9

Paso 9 - <u>Procurar</u>: Diariamente, procuro conocer y vivir conforme a la voluntad de Dios, su plan y propósito para mi vida.

Nota del Fundador #1, Paso 9:

Se cuenta la historia de una rana que vivía en un pozo; era el único mundo que la rana conocía. Un día miró hacia arriba y vio otra rana sentada en el borde del pozo, la cual le decía todo lo que había en el mundo afuera del pozo. La rana dentro del pozo no le creyó y la acusó de falsedad. La rana del borde le dijo: "Salta acá arriba y sígueme, para que veas que lo que te dije es verdad." Así que la rana del pozo saltó al borde, luego al césped, y fue con la otra rana a la cima de una colina. Al llegar, vio lo extenso del mar debajo de ellas. Entonces le explotó la cabeza a la rana del pozo. No pudo manejar tanto conocimiento en tan poco tiempo. Lo mismo nos ocurriría si Dios decidiera descargar en nuestros cerebros una pequeña porción de todo lo que Él sabe.

Dios nos da solo lo que podamos manejar cuando Él lo estime adecuado. O nos explotaría la cabeza. Dios sabe lo que podemos manejar y lo que no. Al enseñar del libro de Efesios, Chuck Swindoll dijo: "El que pudiera entender la totalidad de este libro sería la cuarta persona de la Deidad." Algunas cosas seguirán siendo misterios hasta que Dios nos las revele. Pero Dios sí tiene su voluntad y un plan y propósito para mi vida. Él me los revelará. No los dejará como misterio.

Nota del Fundador #2, Paso 9:

Sin importar nuestras circunstancias al nacer, podemos surgir. La vida no siempre es justa, pero Dios tiene un propósito para cada uno. Una noche regresaba yo de la prisión Trumbull en Youngstown, Ohio, y paré en un restaurante. Al salir del auto vi a un hombre maduro y uno joven que entraban. La mesera me sentó cerca de ellos, y yo podía oír su conversación. Los hombres eran padre e hijo. El hijo iniciaba su primer año de la universidad y quería vivir con otros muchachos en una casa comunal para estudiantes. La universidad debía estar cerca de la casa del joven, porque el padre le pidió que se mudara después de su segundo año.

Pero la forma en que el padre le pidió fue lo que me asombró. Le dijo que ambos padres aceptarían lo que él decidiera. Luego le explicó que años atrás, cuando el padre asistía a la universidad, hizo lo mismo y al final, sus "amigos" se fueron de la casa y lo dejaron a él con todas las cuentas. Tuvo que conseguir otro empleo para poder pagarlas. De no hacerlo, hubiera arruinado sus opciones de crédito para la casa donde viven hoy. Le dijo a su hijo que ellos querían que empezara con fuerza en la universidad. Luego le hizo una contraoferta. El padre le construiría un departamento al hijo, con total independencia, privacidad y entrada aparte, en el sótano de la casa. "Es tu decisión y tu madre y yo la respetaremos."

¡Vaya! Nadie jamás me había hablado así. Mis padres hicieron lo mejor que pudieron por mí, pero nunca una conversación de este tipo sobre mi educación ni ningún otro tema. No podemos elegir las circunstancias en las que nacemos. No elegimos a nuestros padres ni ellos a sus hijos.

La mayoría de los adictos no nacimos en la familia ideal, como en la serie de TV, *Leave it to Beaver*. En la serie, la madre siempre usaba vestido, maquillaje y un peinado perfecto. El padre vestía con saco y corbata, excepto los sábados. La familia siempre comía junta y conversaba mucho durante sus comidas. Ya se imaginan la escena. Recuerdo a la primera familia cristiana que conocí cuando estaba en prisión. Todos los martes en la noche daban un estudio bíblico. Ellos estaban criando a sus hijos muy distinto a como yo fui criado. Los adictos a menudo crecen en hogares rotos o disfuncio-nales, aunque no siempre es el caso.

Recordemos que todos tenemos un Padre perfecto en el cielo. Todos tenemos una familia cristiana que Dios provee. Él allana el camino. Sin importar las condiciones en las que crecimos, tenemos que superar el pasado y avanzar hacia el presente.

Nota del Fundador #3, Paso 9:
Luego de visitar una prisión en Alabama una noche de enero, regresé a donde me hospedaba. Pasé los canales en la TV y, aunque no vi nada interesante, me quedé viendo un juego de Póker. Aun-que yo entendía las reglas básicas del juego. Me sorprendió ver a unos jugadores desechando sus mejores cartas. Entendí que uno puede ganar este juego con cualquier baraja que le toque. Pienso que lo mismo ocurre en la vida. Es cuestión de actitud y perspectiva. Y, mejor que en el juego, cada cristiano gana. No hay perdedores en el reino de Dios.

Nota del Fundador #4, Paso 9:
Me encanta decirle a los hombres y mujeres en prisión que no tie-nen que pasar un día más como perdedores. En Cristo pueden ser victoriosos. Lo mismo

sucede con los que están en la prisión de las adicciones. Hay una salida. Jesús dijo: "Yo soy el camino."

Nota del Fundador #5, Paso 9:
Luego de predicar en una iglesia bautista en Irlanda, un diácono me invitó a mí y a la congregación a almorzar a su casa. Cuando llegué, noté una carpa y varios asadores grandes donde preparaban algo suculento. (Los bautistas alrededor del mundo tienen mucho en común, incluyendo que nos gusta comer. Pienso que un buen banderín bautista tendría un dibujo de la Biblia, una cruz y un tenedor. Es broma; no deseo ofender a nadie.)

Mientras comía, una joven se sentó al lado mío y me contó su historia. Me dijo que era de Holanda y asistía a la escuela de enfermería. Había estado en una prisión federal en Atlanta, Georgia por tres años por tráfico de drogas de Holanda a los EE.UU.

En la cárcel, la tuvieron en una celda para dos personas. Su compañera de celda estaba condenada a cadena perpetua, pero había nacido de nuevo. La joven estudiante me contó que su compañera de celda oraba por ella durante el día y que "siempre quería mos-trarme algo de su Biblia. Yo la odiaba por eso," me dijo la joven.

Por cierto, no esperes un beso ni un abrazo cuando le hables a la gente de Jesús. Matthew Henry dijo que la Palabra de Dios irrita la mente carnal, y te digo que el nombre de Jesús también. Puedes mencionar a las personas más malvadas de la historia y no recibir la reacción que verás al usar el nombre de Jesús. Debemos estar preparados para eso, pero mencionarlo igualmente, pues es el plan de Dios para nuestras vidas.

La estudiante de enfermería me contó que dos días antes de salir de prisión, su compañera de celda la guió al Señor. Ahora ella deseaba guiar a otros a Jesús, y trajo a dos visitas al culto ese día, dos mujeres hindúes, compañeras de estudio, que nunca habían asistido a un servicio cristiano. De nuevo, es el plan de Dios que presentemos a Jesús a la gente.

Al compartir con convictos, les menciono que el tiempo que estén encerrados no tiene que desperdiciarse. Les digo que Dios los usará donde estén. La compañera de celda de aquella estudiante de Irlanda está en cadena perpetua. Su vida no se desperdició, ¡porque desde su celda tuvo un ministerio hasta Irlanda! Fuimos creados para glorificar a Dios y tener comunión con Él. Podemos hacer eso desde donde nos encontremos.

Nota del Fundador #6, Paso 9:
Cuando hablo de la paciencia, uso un ejemplo de mi pasado. No estoy orgulloso de lo ocurrido, pero podemos aprender de ello. Puedo usar eventos seculares para darles una aplicación bíblica. Yo iba a los bares a tomar los viernes en la noche, y no me impor-taba provocar peleas. Pero me cuidaba del contrincante que elegía. Revisaba el bar y escogía alguien a quien pudiera vencer, pero que no fuera demasiado pequeño, para no lucir como un matón.

Un viernes en la noche decidí provocar una pelea con el hombre sentado a mi lado. Lucía bajo y delgado, alguien a quien podía ven-cer. Lo insulté y lo logré irritar. Se levantó de su banco. Seguro has tenido también momentos en que lamentaste lo que dijiste. Esta fue una ocasión de esas. Al pararse, aquel hombre crecía y crecía. Él tenía un tronco corto pero piernas largas. Y no era flaco, sino pura fibra. Tampoco era un hombre paciente. Aquella noche me dieron la paliza de mi vida y hasta el día de hoy, lamento haberlo provocado.

Así mismo, toda la vida hemos provocado a Dios a pelear. Él cierta-mente podría y tiene el derecho de castigarnos. Más bien, espera que le pidamos perdón y luego nos perdona. ¡Sublime gracia!

Nota del Fundador #7, Paso 9:

G. Campbell Morgan, mi expositor bíblico favorito, escribió en *El Evangelio Según Juan*, que hemos de ser sal. Escribió que la sal es aséptica y no antiséptica. O sea, la sal no cura una infección, pero retarda su avance. Por eso hace años ponían sal sobre una herida. Estamos en el mundo, pero no somos del mundo. Debemos retardar la infección del pecado. No podemos lograrlo desde nuestras funciones de iglesia. Hay que salir adonde esté la necesidad. Allí estará nuestro Señor.

Conclusión

Entonces, ¿cómo debemos vivir?

Repaso: Abajo hay cuatro versículos que hemos usado al trabajar con los pasos. Son significativos para contestar lo que muchos cristianos nuevos preguntan: "Entonces, ¿cómo debemos vivir?" Ubique el paso en el que se introdujeron estos versículos, y tome tiempo para revisar las preguntas clave para ese versículo. Comente cómo ayudan estos versículos a responder la pregunta: "¿cómo debemos vivir?"

> *"Porque mis pensamientos no son vuestros pensamientos ni vuestros caminos mis caminos", dice Jehová. Como son más altos los cielos que la tierra, así son mis caminos más altos que vuestros caminos y mis pensamientos, más que vuestros pensamientos.* (Isaías 55:8-9)

> *Hombre, él te ha declarado lo que es bueno, lo que pide Jehová de ti: solamente hacer justicia, amar misericordia y humillarte ante tu Dios.* (Miqueas 6:8)

> *No os conforméis a este mundo, sino transformaos por medio de la renovación de vuestro entendi-miento, para que comprobéis cuál es la buena voluntad de Dios, agradable y perfecta.* (Romanos 12:2)

> *Someteos unos a otros en el temor de Dios.* (Efesios 5:21)

Repaso: Abajo hay unos temas útiles, incluyendo versículos bíblicos, que hablan sobre cómo debemos ejercer nuestra fe. No es una lista exhaustiva, sino una guía que invita a meditar. Quizá quieras añadir otros versículos que te parezcan beneficiosos para tu caminar cristiano.

Nota: Puedes repasar cada uno de estos temas, leyendo periódicamente los versículos en voz alta al final de una reunión. Inténtalo, para ver cómo funciona en tu grupo.

Con Rendición de Cuentas

Nota: Comenten sobre la rendición de cuentas cristiana. Esta óptica difiere de otros grupos de apoyo en que no hay patrocinadores en este programa. Cada uno es responsable delante de los demás miembros del grupo, en cuanto a su testimonio cristiano real ante Dios.

Y mirando a los que estaban sentados alrededor de él, dijo: 'Aquí están mi madre y mis hermanos, porque todo aquel que hace la voluntad de Dios, ése es mi hermano, mi hermana y mi madre.' (Marcos 3:34-35)

Así que, según tengamos oportunidad, hagamos bien a todos, y especialmente a los de la familia de la fe. (Gálatas 6:10)

Vosotros, pues, sois el cuerpo de Cristo y miembros cada uno en particular. (1 Corintios 12:27)

Así nosotros, siendo muchos, somos un cuerpo en Cristo, y todos miembros los unos de los otros. (Romanos 12:5)

Así como el cuerpo es uno, y tiene muchos miembros, pero todos los miembros del cuerpo, siendo muchos, son un solo cuerpo, así también Cristo. (1 Corintios 12:12)

No robaréis, no mentiréis ni os engañaréis el uno al otro. (Levítico 19:11)

No mintáis los unos a los otros, habiéndoos despojado del viejo hombre con sus hechos. (Colosenses 3:9)

Porque es necesario que todos nosotros comparezcamos ante el tribunal de Cristo, para que cada uno reciba según lo que haya hecho mientras estaba en el cuerpo, sea bueno o sea malo. (2 Corintios 5:10)

Resistidlo firmes en la fe, sabiendo que los mismos padecimientos se van cumpliendo en vuestros hermanos en todo el mundo. (1 Pedro 5:9)

Pelea la buena batalla de la fe, echa mano de la vida eterna, a la cual asimismo fuiste llamado, habiendo hecho la buena profesión delante de muchos testigos. (1 Timoteo 6:12)

Tú, pues, sufre penalidades como buen soldado de Jesucristo. (2 Timoteo 2:3)

CONCLUSIÓN

El hierro con hierro se afila, y el hombre con el rostro de su amigo.
(Proverbios 27:17)

Hacia la Humanidad

Exhorto ante todo, a que se hagan rogativas, oraciones, peticio-nes y acciones de gracias por todos los hombres, por los reyes y por todos los que tienen autoridad, para que vivamos quieta y repo-sadamente en toda piedad y honestidad. Esto es bueno y agrada-ble delante de Dios, nuestro Salvador. (1 Timoteo 2:1-3)

Por causa del Señor someteos a toda institución humana, ya sea al rey, como a superior, ya a los gobernadores, como por él enviados para castigo de los malhechores y alabanza de los que hacen bien. Ésta es la voluntad de Dios: que haciendo bien, hagáis callar la igno-rancia de los hombres insensatos. Actuad como personas libres, pero no como los que tienen la libertad como pretexto para hacer lo malo, sino como siervos de Dios. (1 Pedro 2:13-16)

Amad, pues, a vuestros enemigos, haced bien, y prestad, no es-perando de ello nada; y vuestra recompensa será grande, y seréis hijos del Altísimo, porque él es benigno para con los ingratos y malos. (Lucas 6:35)

Me he hecho débil a los débiles, para ganar a los débiles; a todos me he hecho de todo, para que de todos modos salve a algunos. (1 Corintios 9:22)

En Obra

Amado, no imites lo malo, sino lo bueno. El que hace lo bueno es de Dios, pero el que hace lo malo no ha visto a Dios. (3 Juan 11)

Ninguna palabra corrompida salga de vuestra boca, sino la que sea buena para la necesaria edificación, a fin de dar gracia a los oyentes. (Efesios 4:29)

Ya sabéis las instrucciones que os dimos por el Señor Jesús. La volun-tad de Dios es vuestra santificación: que os apartéis de fornicación; que cada uno de vosotros sepa tener a su propia esposa en santidad y honor. (1 Tesalonicenses 4:2-4)

Así podréis andar como es digno del Señor, agradándolo en todo, llevando fruto en toda buena obra y creciendo en el conoci-miento de Dios. (Colosenses 1:10)

Esclavos, obedeced a vuestros amos terrenales con temor y temblor, con sencillez de vuestro corazón, como a Cristo; no sir-viendo al ojo, como los que quieren agradar a los hombres, sino como siervos de Cristo, de corazón haciendo la voluntad de Dios. Servid de buena voluntad, como al Señor y no a los hombres. (Efesios 6:5-7)

En esto sabemos que nosotros lo conocemos, si guardamos sus mandamientos. El que dice: «Yo lo conozco», pero no guarda sus mandamientos, el tal es mentiroso y la verdad no está en él. Pero el que guarda su palabra, en ése verdaderamente el amor de Dios se ha perfeccionado; por esto sabemos que estamos en él. El que dice que permanece en él, debe andar como él anduvo. (1 Juan 2:3-6)

Si alguno me sirve, sígame; y donde yo esté, allí también estará mi servidor. Si alguno me sirve, mi Padre lo honrará. (Juan 12:26)

No nos cansemos, pues, de hacer bien, porque a su tiempo segaremos, si no desmayamos. (Gálatas 6:9)

Pero vosotros, hermanos, no os canséis de hacer bien.
(2 Tesalonicenses 3:13)

Tened buena conciencia, para que en lo que murmuran de voso-tros como de malhechores, sean avergonzados los que calumnian vuestra buena conducta en Cristo. (1 Pedro 3:16)

Por lo demás, hermanos, todo lo que es verdadero, todo lo ho-nesto, todo lo justo, todo lo puro, todo lo amable, todo lo que es de buen nombre; si hay virtud alguna, si algo digno de alabanza, en esto pensad. (Filipenses 4:8)

En Actitud

Estad siempre gozosos. Orad sin cesar. Dad gracias en todo, porque ésta es la voluntad de Dios para con vosotros en Cristo Jesús. No apaguéis al Espíritu. (1 Tesalonicenses 5:16-19)

Y pido para que la participación de tu fe sea eficaz en el cono-cimiento de todo el bien que está en vosotros por Cristo Jesús. (Filemón 6)

Digo, pues, por la gracia que me es dada, a cada cual que está entre vosotros, que no tenga más alto concepto de sí que el que debe tener, sino que piense de sí con cordura, conforme a la medida de fe que Dios repartió a cada uno. (Romanos 12:3)

Sed sobrios y velad, porque vuestro adversario el diablo, como león rugiente, anda alrededor buscando a quien devorar. (1 Pedro 5:8)

Mejor es que padezcáis haciendo el bien, si la voluntad de Dios así lo quiere, que haciendo el mal. (1 Pedro 3:17)

Si, pues, coméis o bebéis o hacéis otra cosa, hacedlo todo para la gloria de Dios. (1 Corintios 10:31)

¿Quién es sabio y entendido entre vosotros? Muestre por la buena conducta sus obras en sabia mansedumbre. (Santiago 3:13)

Con un Ojo en lo Eterno

Para que todo aquel que en él cree no se pierda, sino que tenga vida eterna. (Juan 3:15)

Escudriñad las Escrituras, porque a vosotros os parece que en ellas tenéis la vida eterna, y ellas son las que dan testimonio de mí. (Juan 5:39)

Yo les doy vida eterna y no perecerán jamás, ni nadie las arrebatará de mi mano. (Juan 10:28)

Pues habéis renacido, no de simiente corruptible, sino de incorruptible, por la palabra de Dios que vive y permanece para siempre. (1 Pedro 1:23)

De este modo atesorarán para sí buen fundamento para el futuro, y alcanzarán la vida eterna. (1 Timoteo 6:19)

Porque nada de lo que hay en el mundo, los deseos de la carne, los deseos de los ojos y la vanagloria de la vida, proviene del Padre, sino del mundo. Y el mundo pasa, y sus deseos, pero el que hace la voluntad de Dios permanece para siempre. (1 Juan 2:16-17)

De modo que los que padecen según la voluntad de Dios, encomienden sus almas al fiel Creador y hagan el bien. (1 Pedro 4:19)

Pues esta leve tribulación momentánea produce en nosotros un cada vez más excelente y eterno peso de gloria; no mirando nosotros las cosas que se ven, sino las que no se ven, pues las cosas que se ven son temporales, pero las que no se ven son eternas. (2 Corintios 4:17-18)

Sabemos que si nuestra morada terrestre, este tabernáculo, se deshace, tenemos de Dios un edificio, una casa no hecha por manos, eterna, en los cielos. (2 Corintios 5:1)

Pero estamos confiados, y más aún queremos estar ausentes del cuerpo y presentes al Señor. (2 Corintios 5:8)

En un momento, en un abrir y cerrar de ojos, a la final trompeta, porque se tocará la trompeta, y los muertos serán resucitados incorruptibles y nosotros seremos transformados. (1 Corintios 15:52)

Confiando en el Señor

Mi Dios, pues, suplirá todo lo que os falta conforme a sus rique-zas en gloria en Cristo Jesús. (Filipenses 4:19)

Te haré entender y te enseñaré el camino en que debes andar; sobre ti fijaré mis ojos. (Salmo 32:8)

Mejor es confiar en Jehová que confiar en el hombre. (Salmo 118:8)

Confía en Jehová con todo tu corazón y no te apoyes en tu pro-pia prudencia. Reconócelo en todos tus caminos y él hará derechas tus veredas. (Proverbios 3:5-6)

Estando persuadido de esto, que el que comenzó en vosotros la buena obra, la perfeccionará hasta el día de Jesucristo. (Filipenses 1:6)

Y confías en que eres guía de los ciegos, luz de los que están en tinieblas. (Romanos 2:19)

Lámpara es a mis pies tu palabra, lumbrera a mi camino. (Salmo 119:105)

Entonces tus oídos oirán a tus espaldas palabra que diga: Este es el camino, andad por él; y no echéis a la mano derecha, ni tampoco torzáis a la mano izquierda. (Isaías 30:21)

Y sabemos que a los que aman a Dios, todas las cosas les ayudan a bien, esto es, a los que conforme a su propósito son llamados. (Romanos 8:28)

¿Y quién es aquel que os podrá hacer daño, si vosotros seguís el bien? (1 Pedro 3:13)

CONCLUSIÓN

¿Qué, pues, diremos a esto? Si Dios es por nosotros, ¿quién contra nosotros? (Romanos 8:31)

El Punto Final

Jesús le dijo: Amarás al Señor tu Dios con todo tu corazón, y con toda tu alma, y con toda tu mente. Este es el primero y grande mandamiento. Y el segundo es semejante: Amarás a tu prójimo como a ti mismo. De estos dos mandamientos depende toda la ley y los profetas. (Mateo 22:37-40)

Pues el propósito de este mandamiento es el amor nacido de corazón limpio, y de buena conciencia, y de fe no fingida. (1 Timoteo 1:5)

Y ahora permanecen la fe, la esperanza y el amor, estos tres; pero el mayor de ellos es el amor. (1 Corintios 13:13)

El fin de todo el discurso oído es este: Teme a Dios, y guarda sus mandamientos; porque esto es el todo del hombre. (Eclesiastés 12:13)

NOTAS

Anexos

Detallándolo

Efesios 5:21 - (1) Sometiéndoos los unos a los otros (2) en el temor de Dios.

Someter = (A) *Hupotasso* (Strong's #5293). Combinación de la palabra griega (B) *hupo* (Strong's #5259): un estado bajo autoridad, y (C) *tasso* (Strong's #5021): arreglar o determinar. Nosotros determinamos colocarnos bajo alguna autoridad o persona. (D) Combinado = sujeto o sujeción.

En el ejemplo arriba, A = B + C, o A = D.

(1) Someter = sujeto = uno que está bajo el gobierno de otro u otros, especialmente uno que debe su alianza o lealtad a un gobierno o gobernante.

Alianza = lealtad, como a una causa; la obligación de un vasallo a su señor.

Vasallo = uno que mantiene un terreno para su señor feudal; un esclavo.

Lealtad = Fiel a la alianza de uno, pudiendo ser a un gobierno o a los amigos.

Fiel = Firme en alianza o afectividad; inamovible hacia un hecho o norma; confiable.

Confiable = Poder depender de algo o alguien con confianza.

Depender = Depositar confianza en algo o alguien; poder confiar para recibir asistencia o apoyo.

Confianza = Depender firmemente de la integridad (adherencia a un estricto código de ética), habilidad o carácter de una persona o cosa.

Asistencia = Ayuda o apoyo; ayudar o apoyar.

Apoyar = Impedir que algo se desplome; sostener a alguien en aflicción; levantar o abogar a favor de; corroborar.

Sostener = Proveer las necesidades de la existencia.

Abogar = Representar o hacer una petición a favor de otro.

Corroborar = Fortalecer o apoyar con evidencia; asegurarse.

(2) Temor = fobos (Strong's #5401): combinación de: (a) temor, (b) terror, (c) respeto, (d) reverencia.

Temor / Terror

Temor = Una emoción angustiosa excitada un peligro o maldad o dolor inminente.

Angustiante = Un estado de necesidad o infortunio extremo; que causa ansiedad, dolor, tristeza.

Emoción = Un sentimiento fuerte.

Excitar = Despertar, inquietar, alborotar.

Inminente = A punto de ocurrir; una amenaza.

Terror = Temor intenso.

Intenso = De nivel alto o extremo; emociones agudas o vehementes.

Vehemente = De expresión, emoción o convicción enérgica o intensa.

Crítico = Que constituye una crisis.

Crisis = Un momento crucial para bien o para mal; un período de inestabilidad.

Respeto / Reverencia

Respeto = Estima, admiración, cortesía apropiada.

Estima = Respeto, admiración.

Admiración = Ver con placer, aprobación, y a menudo, maravillado; considerar de altura.

Considerar = Mirar de cierta forma.

Placer = Disfrute o satisfacción.

Satisfacción = Fuente de contentamiento o plenitud; llenar toda necesidad o requisito.

Cortesía apropiada = Correcta, adecuada, cabal, que calza bien; mostrar buenos modales; cortés.

Correcto = Veraz, preciso; conforme a una norma reconocida; libre de errores.

Modales = Una forma de hacer las cosas.

Cortés = Que muestra buenos modales.

Reverencia = Sentir profundo respeto, admiración y, a menudo, amor.

El Fruto del Espíritu (Gálatas 5:22-23)

Amor (Strong's #26): *agape*
> El amor activo de Dios por Su Hijo y Su pueblo, y el amor activo que Su pueblo debe tener hacia Él. Un amor sacrificial que se expresa sin esperar nada a cambio, mostrado aun hacia los enemigos.

Gozo (Strong's #5479): *jará*
> Una alegría que se expresa con regocijo, deleite tranquilo, felicidad.

Paz (Strong's #1515): *eirene*
> Quietud, reposo, prosperidad implicada, tranquilidad, sin contiendas, una condición reconciliada.

Paciencia (Strong's #3115): makrothumía
> Autodominio, control interno y externo en una circunstancia difícil, control que podría mostrarse al demorar una acción.

Benignidad (Strong's #5544): jrestotes
> Excelencia moral en carácter y conducta; la expresión activa de amabilidad y gentileza.

Bondad (Strong's #19): agathosune
> Ser de naturaleza positiva o deseable; moralmente correcto, digno de respeto, honorable, benéfico, de buen comportamiento, obediente.

Fe (Strong's #4102): pistis
> Convicción o confianza que va acompañada de acciones basadas en tal convicción o confianza. Creencia firme en la verdad; el valor o confiabilidad de una persona, idea o cosa; una convicción que no se apoya en la verdad lógica o evidencia material.

Mansedumbre (Strong's #4236): praotes
> Gentileza, humildad, cortesía, ser considerado; la cualidad positiva de tratar a las personas de manera amable, con humildad y consideración.

Templanza (Strong's #1466): egkrateia
> Dominio propio; dominio lógico sobre los propios deseos, emociones e instintos de uno.

Las Obras de la Carne (Gálatas 5:19-21)

Adulterio (Strong's #3430): *moikeia*
Relaciones sexuales voluntarias entre una persona casada y un(a) compañero(a) diferente a su cónyuge legal.

Fornicación (Strong's #4202): *porneia*
Inmoralidad sexual; un término generalizado para el pecado sexual de cualquier tipo. Se usa principalmente para describir las relaciones sexuales entre parejas solteras.

Inmundicia (Strong's #167): *akatharsia*
Un estado de suciedad moral, especialmente en relación con el pecado sexual.

Lujuria (Strong's #766): *aselgeia*
Involucramiento extremo en el placer sensual; lascivo, inmoral; marcado por malicia no provocada.

Idolatría (Strong's #1495): *eidololatreia*
Adorar un objeto o imagen de un dios falso; devoción ciega o excesiva hacia algo; permitir que algo tome la prioridad sobre Dios.

Hechicería (Strong's #5331): *farmakeia*
Magia; el uso de hechizos o pociones mágicas, a menudo incluyendo drogas; uso de poderes sobrenaturales sobre la gente llamando a los espíritus para pedir ayuda (brujería).

Odio (Strong's #2189): *ekthra*
Disgusto o repulsión intenso hacia una persona, lugar o cosa; sentir hostilidad hacia alguien.

Pleitos (Strong's #2054): *eris*
Querellas, disensiones, disputas, discordia.

Celos (Strong's #2205): *dzelos*

    Esfuerzo o ambición de igualar o sobrepasar a otro, especialmente mediante la intimidación; imitar a otra persona.

Iras (Strong's #2372): *thumos*

    Furia, rabia, cólera; un estado de disgusto intenso ante una mala acción, real o percibida.

Contiendas (Strong's #2052): *eritheia*

    Disensión acalorada y a menudo violenta, especialmente como resultado de ambición egoísta; una pelea o querella.

Divisiones (Strong's #1370): *dikostasia*

    Conducta o lenguaje incitando una rebelión contra la autoridad de un estado o cuerpo de gobierno.

Herejías (Strong's #139): *jairesis*

    Opiniones o doctrinas en conflicto con las convicciones religiosas establecidas.

Evidias (Strong's #5355): *fthonos*

    Sentimientos de descontento y resentimiento por desear las posesiones o cualidades de otro.

Homicidios (Strong's #5408): *fonos*

    Matanzas ilegales, asesinato.

Borracheras (Strong's #3178): *methe*

    Intoxicación con licor alcohólico al punto de obstruir las facultades físicas y mentales.

Orgías (Strong's #2970): *komos*

    Conducta escandalosa, ruidosa, descontrolada; hacer fiestas desenfrenadas, ir de parranda.

Ejercicio Bíblico Básico

Nota: Muchos de los que asisten a las reuniones nunca han leído una Biblia. No tienen trasfondo de iglesia del todo. Este ejercicio es útil para enseñarles a usar nuestro *Manual y Guía del Propietario*. Los que sí conocen la Biblia no se deberían ofender por este repaso básico. Necesitan entender que hay necesidad de este tipo de ejercicio.

La mejor forma de realizar este ejercicio es involucrarlos a todos mediante el formato de preguntas y respuestas. Esto debe ser sencillo. He aquí un ejemplo:

La Biblia es un libro con… ¿cuántas partes?

¿Cuáles son esas dos partes? (Antiguo Testamento/Nuevo Testamento)

¿Se encuentra el Antiguo Testamento hacia el frente o hacia el final de la Biblia?

¿Se encuentra el Nuevo Testamento hacia el frente o hacia el final de la Biblia?

¿Son relevantes para hoy las dos partes de la Biblia?

¿En qué idioma se escribió originalmente el Antiguo Testamento? (Hebreo)

¿En qué idioma se escribió originalmente el Nuevo Testamento? (Griego)

¿Cómo se llamó la traducción al griego de las Escrituras judías? (Septuaginta)

¿Cómo se llamó la traducción del Antiguo y Nuevo Testamento al latín? (Vulgata)

Las dos partes de la Biblia se subdividen… ¿en qué? (Libros)

¿Cuáles son los nombres de algunos libros del Antiguo Testamento?

¿Cuáles son los nombres de algunos libros del Nuevo Testamento?

Los libros se subdividen… ¿en qué? (Capítulos)

Los capítulos se subdividen… ¿en qué? (Versículos)

Los versículos se subdividen… ¿en qué? (Sub-versículos; eje: a, b, c)

Encuentre Juan 3:16.

Acerca del Autor

Mi nombre es Larry Skrant. Anteriormente yo era 324-242. Y antes de eso yo era 230-915. Esos son números de la prisión. Para el estado de Ohio yo era un tres-veces perdedor. Para la sociedad, yo no tenía posibilidad de ser rescatado. Para todos, incluyéndome a mí mismo, yo no tenía esperanza. Luego conocí a Cristo y Él me dio un nuevo corazón y una nueva vida. Ahora soy miembro de la Primera Iglesia Bautista en Spencer, Ohio. Soy un ministro ordenado, el director de Ministerios Vidas Cambiadas, y el fundador de Adictos Ante la Cruz. Dios cambia lo incambiable.

Para más información, o si le interesa trabajar con Ministerios Vidas Cambiadas, visite:

www.changedlivesministries.org

Los 9 Pasos — Adictos Ante la Cruz

1. Admitir - Yo admito que mi vida no es mía y no poseo la habilidad para manejarla o controlarla. Me he vuelto impotente sobre la(s) sustancia(s) de las que he abusado. Reconozco mi necesidad de que Dios me libere de todas las cosas en este mundo que me han atrapado y que me impiden ser la persona que Dios creó.

2. Creer - Yo creo que el Dios que necesito que restaure y reconstruya mi vida es la persona de Jesucristo. La Palabra que estaba con Dios, que es Dios y que se encarnó y vivió entre nosotros.

3. Decidir - He decidido apartarme de las cosas del pasado (arrepentirme) y pedirle a Jesús que sea Señor y conductor de mi vida (rendición).

4. Buscar - He realizado una búsqueda sincera y un inventario personal, con la intención de eliminar lo que no está conforme a la voluntad de Dios para mi vida.

5. Reconocer - Ante Dios, los demás, y ante mí mismo, reconozco que mi inventario es veraz. Ahora empiezo a usar la información de mi inventario, diseñando un plan que resultará en una vida libre de las adicciones.

6. Cambiar - Estoy dispuesto(a) a cambiar y a permitir que Dios me cambie.

7. Pedir - Humildemente le pido a Dios que me perdone y me cambie por el poder de su Espíritu Santo.

8. Restaurar - He elaborado una lista de toda la gente que pude haber afectado o dañado con mis acciones. Y me pregunto: "¿Cómo puedo remediar esta situación?"

9. Procurar - Diariamente, procuro conocer a Dios y vivir conforme a su voluntad, su plan y propósito para mi vida.